MAGID
O ENCONTRO COM UM ANJO

Rosana Ferraz Chaves

MAGID
O ENCONTRO COM UM ANJO

MADRAS®

© 2016, Madras Editora Ltda.

Editor:
Wagner Veneziani Costa

Produção e Capa:
Equipe Técnica Madras

Revisão:
Silvia Massimini Felix
Neuza Rosa
Jerônimo Feitosa

Dados Internacionais de Catalogação na Publicação (CIP)
(Câmara Brasileira do Livro, SP, Brasil)

Chaves, Rosana Ferraz
Magid / Rosana Ferraz Chaves. -- São Paulo : Madras, 2016.

ISBN: 978-85-370-0996-3

1. Bruxaria 2. Cabala 3. Destino
4. Experiências de vida 5. Projeção astral
6. Tarô I. Título.

16-07020   CDD-133.95

Índices para catálogo sistemático:
1. Projeção astral : Fenômenos paranormais
133.95

É proibida a reprodução total ou parcial desta obra, de qualquer forma ou por qualquer meio eletrônico, mecânico, inclusive por meio de processos xerográficos, incluindo ainda o uso da internet, sem a permissão expressa da Madras Editora, na pessoa de seu editor (Lei nº 9.610, de 19/2/1998).

Todos os direitos desta edição, em língua portuguesa, reservados pela

MADRAS EDITORA LTDA.
Rua Paulo Gonçalves, 88 — Santana
CEP: 02403-020 — São Paulo/SP
Caixa Postal: 12183 — CEP: 02013-970
Tel.: (11) 2281-5555 — Fax: (11) 2959-3090
www.madras.com.br

*Agradeço de coração a todos os seres de luz,
encarnados e desencarnados,
que me ajudaram a chegar até aqui.
Faço um agradecimento especial a meus pais Arnaldo
e Elenilza, ao meu mestre arcanjo Raziel, ao meu anjo tutor
Zháyn e a todos os outros que não estão aqui citados,
por receio de esquecer alguém.
Vocês são e foram as estrelas do meu céu, quando um dia a
noite chegou e persistiu.*

Índice

Sobre a Autora 9

Sobre este Livro 11

O Início de Tudo 13

O Início 15

A Visão do Corpo Sem Vida.. 19

Projeção Astral.. 23

Colônias Espirituais 22

Passeando nos Cemitérios... 25

A Cantora de Ópera 35

Criança em Fase Terminal 37

Invasão no Ônibus 39

O Dia de Minha Morte Estava Chegando.................... 43

Pronto-Socorro Extrafísico 45

As Sombras que Caminhavam pelo Prédio 48

A Alma que Sangrava 54

Arcanos do Tarot 60

A Visita dos Anjos..66
Jardim dos Elementais. 74
Conversando Com os Anjos...78
Adotada por um Anjo...85
Arcanjo Raziel...89
A Magia de Raziel..95
O Dia da Consagração 100
A Aparição da Mulher Nórdica...103
Museu das Bruxas da Noruega..107
Freyja Conduz as Almas dos Mortos.......................................114
Tarot Como Instrumento de Percepção 119
Bastidores da Escola de Magia..121
Alunos Extrafísicos 124
Jay Ganesha..130
O que Você Tem Para Compartilhar.......................................133
Bruxaria 136
Um Ano Depois da Doença...139

Sobre a Autora

Rosana Ferraz Chaves é arquiteta, mestre em Magia do Ar, mestre em Feng Shui da Alma, mestre em Pentagrama, mestre em Magia Natural e mestre em PNL.

Descobriu que era projetora astral consciente ainda na adolescência, e é do plano astral que recebe a maior parte das informações de seus cursos e livros.

Descendente de italianos e judeus, como a maioria dos brasileiros, estudou e praticou as mais variadas religiões a fim de aprimorar seus conhecimentos; no entanto, foi na Cabalá tradicional que fixou seus estudos por mais de 20 anos.

Em 2012, após uma doença grave, iniciou seus estudos em Tarot e Baralho Cigano e continua estudando até sempre.

Em 2014, foi iniciada em Magia Natural e hoje é bruxa e cabalista, convicta de que um caminho complementa o outro. Atualmente ensina sua própria Cabalá pessoal para pessoas que não são judias, ministra cursos de programação neurolinguística e dá aulas e cursos de Magia Cabalista com ensinamentos que ela recebe no plano astral.

Possui um grupo fechado de estudos de Cabalá teórica, meditativa e mágica no Facebook e também sua página de escritora.

Para obter mais informações e participar do grupo, acesse:
https://www.facebook.com/groups/kabbalah.Mistica/
https://www.facebook.com/CasaRosanaFCh/

Sobre este Livro

Eu acredito que, quando as almas vieram para esse mundo pela primeira vez, não tinham missão alguma para cumprir. Como centelhas divinas que somos, compete a nós usar o livre-arbítrio e decidir aquilo que queremos aprender durante nossas idas e vindas pelos diversos planetas. Quando finalmente fazemos nossas escolhas, a vida, nossa mestra maior, nos ensina e nos oferece ajuda para solucionar os problemas que criamos para nós mesmos, para nosso refinamento.

Usando nosso poder de ilusão, inserimos deuses, monstros, heróis e demônios durante a apresentação do teatro que é nossa vida.

Escolhemos um personagem, vestimos uma máscara e partimos para nossas aventuras. Cada um de nós é o personagem principal de sua própria história de vida e, às vezes, exageramos nas peripécias e possibilidades de nossas aventuras. É nessa hora que somos atacados por nossos maiores inimigos. Se tivermos poder e alguns superamigos, mudamos o jogo. Caso contrário, o monstro vem, nos consome e nossa história chega ao fim sem um final feliz.

Este livro narra a história verídica de minha vida, no momento da luta final entre eu e meus monstros. Para vencer essa batalha infernal, precisei da ajuda de alguns superamigos, os anjos, o Tarot, a Cabalá e a Bruxaria.

A intenção do livro é ajudar você a encontrar seus superamigos também. Encontrá-los é seu desafio!

A partir do momento em que você começar a ler o livro, eu, meus anjos, meu Tarot, minha Cabalá pessoal e minha Bruxaria também farão parte de seu caminho.

Eu aceito seu desafio! Caminhemos juntos rumo à vitória!

A Autora

O Início de Tudo

Era uma bonita tarde de sábado. Lá fora um céu de brigadeiro e, dentro do quarto, música e uma bela mandala azul que eu acabara de pintar no Paint Brush.

Enquanto ouvia Enya, vi um anjo girando em um turbilhão cósmico a que chamo de "A louca dança dos anjos".

Pensei comigo: "Mas por que vocês fazem esse tipo de coisa?".

Continuei fixando meu olhar interior na dança e, por alguns segundos, devo ter cruzado com os olhos de Zháyn. Nesse instante, tudo sumiu. Em pouco tempo, que me pareceu uma eternidade, o mundo parou.

Eu já não estava mais lá, nem meu computador, nem meu quarto, nem meu corpo. Tudo era pura energia. Em algum lugar em que tempo e espaço já não têm mais sentido, era noite.

Gritos. Hordas de espíritos desembestados gritavam e desciam a encosta, todos correndo na mesma direção. Alguns solitários e muitos em grupos. A única coisa que os comandava era a dor da semelhança que os unia. Em vida eram chamados de "as minorias", "os marginalizados", "os afastados de Deus".

Mas para Ele não eram, nunca foram. Vinham cobrar a dívida com aqueles que se diziam representantes da Luz na Terra. Já foram barrados nos templos, mas agora um grande mestre, o maior de todos que já pisaram neste planeta, os liderava, e esse mestre tinha a mesma ira santa deles.

O mestre não podia ser visto, mas sua voz sim.

"Quem são vocês? Eu não os conheço! Eu nunca os conheci."

Voltei na velocidade dos disparos de meu coração. Assustada e com medo, pude ver da janela de meu quarto que ainda era dia. Minhas mãos ainda desenhavam no computador e o CD continuava tocando a mesma música. O anjo não dançava mais.

Zháyn disse que essa batalha era a última e a primeira, que estava sendo travada desde sempre até o último dia, só que não haveria um último dia. As pessoas acreditam que haverá um único dia de juízo final, mas esse dia já chegou, imperceptível aos olhos comuns.

É um dia de muitas horas no tempo de Deus.

Olhei dentro dos olhos de um anjo e vi. Sempre que você olhar no fundo dos olhos de um anjo, haverá um Magid.

Magid
Pronuncia-se "Maguid", como em "alguidar".

Magid é uma vivência ou visão mística proporcionada por um anjo, em que se pode prever o futuro ou enxergar o presente com os olhos da alma.

O Início

  Em meados de novembro do ano de 2011, sem nenhum motivo aparente, acordei de manhã sentindo uma enorme necessidade de ser cremada. Já havia pensado nessa possibilidade antes, mas nesse momento resolvi entender melhor o assunto. Comecei pesquisando preços, locais e como a coisa toda acontecia. Falei para minha mãe, como já havia dito em outras oportunidades, que definitivamente precisava ser cremada. Informei que já tinha até algum dinheiro no banco que poderia ser gasto para esse fim. A ideia de não deixar nada meu nessa vida emocionalmente me agradava muito. Não queria deixar nem corpo, nem alma, nem bens. A vida cada vez mais insossa já não tinha nenhum sentido positivo.

  Sabia que estava viva, porque comia e respirava, nada além disso. Nem poderia dizer que vegetava, porque todo vegetal tem alguma utilidade neste planeta, todos, menos eu, que não me encaixava em nada.

  Minha grande decepção foi ter trabalhado a vida inteira para os outros, sem poder fazer de meu jeito, apenas para enriquecer o patrão.

  A linda vocação de arquiteta estava estagnada, doente e em fase terminal.

  Minha mãe aceitou bem a ideia, porque minha família sempre teve uma formação espiritual reencarnacionista. Expliquei tudo e chegamos à conclusão de que todos em casa queriam ser cremados. Satisfeita com o resultado da pesquisa, deixei esse assunto de lado e a vida seguiu em frente e para baixo.

Pouco tempo depois, minha crise existencial chegou ao seu limite. Dois anos antes tinha terminado um relacionamento muito desgastante, que durou um ciclo de 12 anos. Ainda atordoada com o andar da carruagem, sequer tinha condições de entender quando foi que o amor terminou, mas sabia exatamente por que a relação chegara ao fim. Porque eu quis assim.

Achava-me muito longe de minha própria alma. A sensação mais forte que tive após o fim do relacionamento foi de estar comigo mesma, depois de muitos anos, e sentir uma falta dolorosa de mim. Era como voltar para casa depois de ter lutado em uma guerra e sobrevivido, mesmo faltando algum pedaço de meu corpo.

Aos poucos minha alma estava voltando de um coma de muitos anos. As cores começavam a brilhar novamente e, nos caminhos percorridos, sempre via algo novo, que sempre esteve ali, mas que eu nunca tinha enxergado.

Era ótima essa sensação e meu poder pessoal começava a voltar, até que caía de novo.

Quando você tem sua vida de volta, precisa começar a esvaziar a mochila existencial, separando o que serve do que não serve mais. Precisa urgentemente desocupar espaço para o novo em sua vida, mas, antes disso, precisava consertar os buracos da mochila. E esses buracos que se formaram e aumentaram durante muito tempo só são vistos no final do percurso, porque no meio do caminho, dentro do fogo cruzado, você não consegue enxergar quase nada.

Com o fim do relacionamento, minha vida começou a tomar outro rumo.

Não me casei nem tive filhos, então para mim a separação tinha só aspectos positivos, assim eu estava automaticamente pronta para mudar de vida, como eu bem entendesse que essa nova vida devesse ser. Dar fim ao que já estava acabado dependia unicamente de mim, mas havia outros aspectos de minha vida que também estavam estagnados e que não dependiam apenas de mim para melhorar, pelo menos era isso que eu imaginava na época. Ainda havia um emprego que precisava mudar.

Tem gente que pensa que a coisa mais importante na vida de uma mulher é casar e ter filhos, mas não é. Seu casamento pode terminar, você pode ficar viúva ou até morrer de repente. Um dia seus filhos vão crescer e ter a vida deles. Casamento e filhos não são eternos, mas sua profissão é, independentemente de você ser homem ou mulher. Você está casado com sua profissão para o restante da vida e é exatamente isso que vai fazer a diferença entre ser feliz ou infeliz. Você pode amar e casar de novo em qualquer fase de sua vida, mas mudar de profissão depois dos 30 anos aqui no Brasil é uma tarefa das mais difíceis. Não sabia direito se meu problema era a profissão ou o local de trabalho, este país ou este mundo, então tive uma ideia.

Em março de 2012 resolvi prestar um concurso público que achei que poderia melhorar minha vida. Estudei exatamente 40 dias seguidos, por conta própria, e faltando uns dez dias para a prova, parei de estudar. Simplesmente não conseguia mais estudar nada. Era como se um ímã me repelisse do caderno e do computador, sem explicação alguma.

Quarenta dias Jesus ficou meditando no deserto, 40 dias formam a quaresma. Muita coisa ruim pode acontecer depois de 40 dias, por isso dizem que 40 é o número da morte.

Certa tarde, insisti em voltar aos estudos. Sentei-me de frente para o computador e o telefone tocou.

– Alô.

– Alô, quero falar com Rosana.

– Sou eu.

– Boa tarde, aqui quem fala é a gerente de seu banco. Estou te ligando porque vou mandar um seguro do empréstimo. Caso você morra, o seguro pagará o empréstimo ao banco e ainda fornecerá mil reais para seu enterro.

– Espere aí, mas o pagamento do empréstimo não está em dia? Eu não quero empréstimo nenhum novamente!

– Não é empréstimo, é seguro. Com esse seguro, o banco quita sua dívida e sua família não vai precisar se preocupar, caso você morra, e ainda sobra alguma coisa para ajudar no enterro. Seu empréstimo está em dia, mas, se você morrer, quem é que vai pagar a dívida? Porque a empresa em que você trabalha é que não vai!

– Eu não quero nada disso! Minha família paga a dívida se eu morrer, eu não quero seguro nenhum! Se eu morrer, minha família receberá uma pensão!

– Obrigada por sua atenção...

– ... de nada!

Desliguei o telefone como alguém que acabou de apertar o botão de uma bomba. Que gerente abusada! Ligar-me para combinar quem pagaria minha dívida depois da morte? Eu realmente havia feito um empréstimo, mas estava com as prestações em dia; então que motivo essa infeliz teria para me ligar e oferecer um seguro? Não estava doente nem era uma velha. Mais calma, comentei com minha mãe, que ficou calada.

Passaram-se umas duas semanas, já havia esquecido o assunto. À noite, em meu quarto, deitei para dormir e, quando dei por mim, já estava em outro lugar.

A Visão do Corpo Sem Vida

Despertei em um lugar escuro e, como em um cinema, meus olhos piscaram até conseguir me adaptar à pouca luz. Conseguia ver uma pessoa... melhor... não era uma pessoa... era um corpo... meu corpo.

Estava descoberta vestindo roupas comuns. Não tinha sapatos, mas estava de meias. Vestia uma calça de moletom e um agasalho. Sabia que aquilo era um corpo, porque não se mexia e não respirava. Estava muito pálida, muito inchada, mas no rosto não havia dor. Olhei de lado. Não conseguia sair do lugar e olhar de frente.

Meu corpo não estava com uma roupa diferente, e nem eu estava mais velha ou mais nova, portanto o momento era o ali e o agora.

Eu tinha morrido!

No corpo não havia sangue, hematomas ou decomposição. Nada que pudesse me dar uma dica do que eu tinha morrido, então arrisquei que fosse do coração, porque metade da família de minha mãe morre disso. Também não via mais ninguém no local. O corpo permanecia lá e eu olhando para ele, sem saber o que fazer.

O que se faz quando você sã e salva deita para dormir em seu quarto e acorda vendo seu corpo morto em cima de uma cama?

Eu não sabia o que fazer. Quem poderia me ajudar nessa hora?

Cadê os parentes já falecidos? Não deveriam vir me buscar? E cadê o tal túnel de luz? O lugar estava escuro e a única luz que havia saía do próprio corpo.

Será que meu corpo estava em meu quarto mesmo? Ou será que eu o via ali, mas ele estava dentro de uma geladeira no necrotério? Será que estava no caixão?

Se o corpo estava deitado em uma cama, por que não havia travesseiro?

Minhas ideias estavam muito perturbadas. Não conseguia olhar o que havia debaixo do corpo.

Ah... só se o corpo já estava no crematório ou em uma gaveta.... O que eu faço agora...

Tudo calmo, nada acontecia.

O que será que havia acontecido comigo?

Lembro que me encontrava bem e com saúde. Lembrei-me de que esse dia tinha sido normal, nada de novo havia ocorrido. Será que minha memória estaria falhando?

É comum que, depois de passar um bom tempo perdida no umbral, a maioria dos espíritos perca a memória. Às vezes, quando o espírito desperta em outra vida, já se passaram muitos anos. Será que era esse o caso?

Meu Deus... eu morri!

Estou vendo meu corpo aqui à minha frente, mas não sinto nada. Não sinto dor, não tenho medo, só tenho dúvidas. Eu morri cedo, pelo menos não teria de sofrer com as doenças da velhice.

O que eu faço agora?

Alguns espíritos perdidos lembram-se apenas da dor que sentiam em vida.

Alguns continuam sentindo, mas nada me doía.

Será que havia ocorrido isso comigo? Teria perdido a memória? Não. Eu ainda me lembrava de quem era. Assumi que tinha morrido e algo não ia bem.

No exato momento em que minha percepção aceitou o que havia acontecido, fui sugada daquele lugar e, no instante seguinte, já estava em outro.

Acordei novamente, dentro de meu quarto. Meu coração disparava, então senti que estava viva.

Tinha acabado de passar pela pior projeção astral de minha vida... até aquele momento.

Projeção Astral

Termo usado para descrever a saída, consciente ou não, do espírito ainda ligado ao corpo, para outras dimensões astrais.

Quando comecei a ter projeções astrais, muitas vezes acordava dentro de salas de aula, aprendendo alguma coisa. Tudo começou em minha adolescência. Eu estudava à noite e trabalhava durante o dia. Ganhava pouco e nunca dava para pagar o curso que eu queria, então à noite eu me projetava e acordava em locais que me ensinavam de graça tudo aquilo que não tinha dinheiro para pagar. Nunca foi intencional, apenas acontecia. Quando o aluno tem boa vontade, o Universo sempre dá um jeito.

Quando eu tinha uns 18 anos, meu sonho era ser desenhista, e do desenho enveredei para a Arquitetura. Meu sonho era fazer fortuna com minha profissão, mas, em uma dessas saídas do corpo, um homem de que eu nunca tinha ouvido falar conversou comigo.

Meu nome é Khalil Gibran. Sou seu mestre.

Acordei. Anotei o nome em um papel e contei para minha mãe. Na época, minha mãe trabalhava em uma escola e comentou o assunto com uma das professoras, que era dona de um sebo. Ela sabia quem era e, no dia seguinte, nos vendeu um livro do Khalil. Descobrimos que ele era um famoso escritor.

Como assim? Escritor? Meu mestre? E eu lá quero ser escritora! Que esquisito...

Realmente me formei em Arquitetura e só voltei a ter contato com ele recentemente, quando estava revisando este livro. Khalil está muito mais jovem e muito mais alegre agora do que antes.

Nessa época, várias vezes acordava congelada na cama. Abria e fechava os olhos, mas não conseguia me mexer. Já não era a primeira vez que isso acontecia.

Com muito esforço, conseguia mexer o dedo mínimo de uma das mãos. Percebi que, ao fazer esse movimento, meu corpo voltava ao normal. Não sabia o que estava acontecendo. Quando não acordava petrificada, acordava aos solavancos, como se estivesse caindo de algum lugar em cima da cama.

Essa coisa estranha às vezes dava uma trégua e outras vezes se repetia, até três vezes por semana ou duas vezes na mesma noite.

Não sabia o que disparava esse efeito, mas era muito assustador. Um dia ouvi alguém falando que isso era uma coisa chamada catalepsia e que esse sintoma ocorria sempre que o espírito se projetava do corpo. Li algumas coisas e em minhas pesquisas todos diziam que não era doença e não era fatal; sendo assim, passei a conviver com esse sintoma. Já sabia como me mexer, então deixei o tempo passar, sem saber ao certo o que era isso.

Anos depois, uma colega de trabalho me convidou para uma palestra sobre projeção astral, que é quando o espírito se desliga do corpo, apesar de continuar preso por um fio de energia, conhecido como cordão de prata, que une o espírito ao corpo e só se rompe na ocasião da morte.

Lá o palestrante ensinou todo o processo e falou sobre esse assunto, então comecei a ficar mais segura. Fiz dois cursos e desde então passei a me projetar muito mais vezes e a adquirir cada vez mais consciência e lembrança do que eu via. Fiquei quase dois anos assistindo às palestras sobre projeciologia e em uma delas o palestrante resolveu que naquele dia ele iria responder às perguntas do público.

Alguém da plateia perguntou se os anjos realmente existiam.

– Eu me projeto desde a adolescência e nunca vi anjo nenhum. Espíritos não precisam de asas, então anjos não existem. O que as pessoas pensam que são anjos, são na verdade espíritos de luz.

Desde esse dia, tive certeza de que os anjos não existiam... até descobrir que o palestrante estava errado.

Claro que ele não poderia ter visto. Anjos não transitam no plano astral. A dimensão deles é outra. Falarei disso nos outros livros.

Colônias Espirituais

Nosso planeta é como o núcleo de uma cebola. Possui cascas dentro de cascas e cada casca representa um universo paralelo. Os anjos transitam neste nosso mundo e servem de intermediários entre os seres humanos e nossa fonte criadora, que os cabalistas chamam de Ein Sof. Eles não ficam aqui, apenas transitam, por isso é inútil tentar usar uma estratégia para manter um anjo ao seu lado. Eles vêm e vão quando querem ou necessitam. Existem diferentes tipos de anjos e o que conheci são os mensageiros, os tutores, os querubins e os arcanjos guerreiros.

Os mensageiros são responsáveis por levar a comunicação entre os mundos e as orações dos humanos até Deus.

Os tutores são responsáveis pela difusão do conhecimento científico e das artes, dos outros planos paralelos até a Terra e também são responsáveis diretos pelos alunos matriculados em alguma escola iniciática extrafísica.

Querubins são anjos que se apresentam como crianças, mas não são. Sua função é espalhar o amor, a saúde e a alegria entre os humanos e os animais.

Os arcanjos são os anjos guerreiros. São responsáveis pela direção de várias escolas iniciáticas e pela proteção dos mundos. São eles que tomam conta das portas do umbral, evitando que esses seres em baixa evolução invadam nosso planeta.

Esses são os que eu tive contato, mas isso não quer dizer que não existam outros tipos de anjos. Os que cito, tenho certeza de que existem, os outros ainda não conheci.

Dentre os anjos, uns são eternos e outros são virtuais, usando uma metáfora mais atual.

Os eternos são aqueles criados pela vontade divina. Estão aqui desde sempre, por isso são eternos.

Os virtuais são aqueles criados pela vontade humana e são reais apenas enquanto quem os criou tiver fé e os alimentar de energia. Os anjos virtuais não têm poder como os outros, mas, como foram criados pela energia positiva de um pensamento, possuem a capacidade de atrair outros seres reais para fazer aquilo de que não são capazes. Esses seres virtuais não são apenas em formato de anjos. Tudo aquilo que o ser humano pode pensar, ele pode criar. Nós somos deuses também, ainda muito limitados por nossa mente, mas podemos criar, voluntária ou involuntariamente outros seres. Esses seres que criamos não são elementais, são mentais. Desse modo um sensitivo é capaz de realmente ver um Papai Noel voando na noite de Natal, ou ver um lobisomem ou uma figura fantasmagórica criada pela mente de dezenas de pessoas.

Da mesma forma que podemos criar uma imagem mental por um tempo pequeno e por um longo tempo se continuarmos acreditando nela, seres mais evoluídos do que nós possuem a capacidade de criar mundos paralelos aos nossos.

Em cada um desses mundos são criados os núcleos espirituais, mais conhecidos como colônias.

Normalmente, quando uma colônia espiritual é criada no plano astral, ela se liga a outra localidade aqui na Terra, que tenha propósitos parecidos com os dessa colônia. Por exemplo, quando tive as aulas de Tarot, outros alunos extrafísicos assistiam às aulas conosco. Então, de alguma forma, a escola extrafísica desses alunos ou o local onde eles foram agrupados estava coligada com a escola física aqui na Terra.

Em várias experiências fora do corpo, visitei locais diferentes na mesma região, onde encontrei a casa em que moro.

Em algum deles, a casa continuou a ser de minha família e, em outros, de outras famílias. A topografia mudava um pouco, mas sempre consegui reconhecer que eram mundos extrafísicos coligados ao nosso. A casa também mudava muito. Em alguns locais, era muito mais rica e maior e, em outros, era mais pobre. Mas ainda assim pude reconhecer que se tratava da casa na qual moro.

Uma vez, saí direto de meu quarto e o corredor já não era mais o de casa. Era outra casa, em um outro local, com outras pessoas morando. E, ainda assim, era minha casa. As cores eram diferentes. Fui até a cozinha e pude escutar que havia pessoas no quintal trabalhando com construção. Decerto estavam reformando ou ampliando a casa.

Também existem locais aonde você vai, mas não tem permissão para entrar.

Houve uma época que eu pensei em fazer um curso de Reiki, mas cheguei à conclusão de que toda aquela calmaria necessária para impor as mãos não era para mim. Talvez não tenha nada a ver com calmaria, mas foi isso que passou por minha cabeça. Resolvi esquecer a ideia.

À noite, de vez em quando eu explorava uns lugares perto de casa. Havia um caminho no bairro que eu sempre fazia, mas não era meu bairro, era um outro bairro extrafísico. Fui várias vezes a esse local. Ficava lá caminhando e vendo o que acontecia, quem estava lá, enfim, alguma coisa lá me atraía. Passava por avenidas e ruas de terra para chegar até lá. Conhecia tão bem os caminhos e os prédios desses mundos que poderia desenhar um mapa dos arredores. A esse local eu ia caminhando mesmo, mas a outros conseguia chegar com o pensamento. Fora do corpo, podemos voar ou chegar em qualquer local apenas pensando nele. Quando comecei a me projetar, treinava muito essa forma de locomoção.

Sempre chegava ao mesmo local, que era um terreno enorme acima de um morro, com várias escadas que davam para um platô. A área que rodeava esse lugar não era bela nem convidativa. Era uma paisagem comum, limpa, mas não bonita.

Sempre encontrava outros espíritos subindo e descendo as escadas, mas eles, assim como eu, ficavam só rodeando o local. Não dava para saber se eram projetores ou desencarnados, porque lá as energias eram da mesma densidade.

Conforme você se distancia do corpo físico, o cordão de prata vai ficando mais fino e transparente, e acaba ficando difícil enxergá-lo.

No topo havia um prédio grande onde eu ficava rodeando e conversando com outros viajantes. Fui algumas vezes a esse local, mas nunca conseguia entrar. Por mais que procurasse, não conseguia achar a porta de entrada. Na verdade, acho que fui a esse local umas três vezes. Muito tempo depois, creio que foi no ano de 2013, voltei para lá pela quarta vez, só que agora tudo estava diferente. Subi as escadarias e me deparei com uma linda paisagem, muito colorida, enfeitada com plantas e muito verde. Era um cenário antigo, apesar de as pessoas não se vestirem de modo muito diferente de nós. Observando o que se passava no local, fui informada de que lá era uma colônia espiritual destinada a cuidar de moças que engravidaram muito cedo aqui em nosso mundo e se desencaminharam na vida. Quem cuida dessa colônia é um padre e uma freira dos quais não perguntei o nome, mas os vi lá trabalhando.

Os padres e as freiras sempre se dedicaram a cuidar de doentes, nada a ver com a religião; então, depois de desencarnados, alguns continuam trabalhando nisso e continuam católicos sim. Ninguém é obrigado a mudar de religião depois que morre.

Existem espíritos tão ignorantes que, depois da passagem para o outro plano, ficam esperando que alguém de sua religião apareça para resgatá-los. E quando isso não ocorre, passam muito tempo perdidos nos cemitérios ou vagando por aí, sem ter como sair do plano material. A ajuda vem, mas se você não quer, o problema é seu.

Nessa colônia, a maioria das moças era adolescente. Algumas se perderam na vida anterior com prostituição, outras com drogas e todo tipo de desvios de conduta. Quando mostravam alguma possibilidade de entendimento, eram enviadas para lá, onde se recuperavam antes de nascer de novo. Todas trabalhavam na terra com o auxílio de outras freiras que também eram as cuidadoras desse local.

Lá elas tinham aulas, plantavam, estudavam e se acalmavam. Eu as via, mas elas não me viam, de modo que pude dar uma boa olhada no que faziam. As freiras, sim, sabiam que eu estava lá e tinha autorização para estar. O local era parecido com uma colônia agrícola onde se plantavam flores e vegetais. Lá as moças trabalhavam e tinham aulas sobre artesanato e sobre a vida. O local era muito encantador e acolhedor. O interessante é que ele se situa bem ao lado de dois hospitais aqui em nosso mundo, então creio que trabalham coligados.

Quando estava de saída encontrei dois outros seres, uma moça e um rapaz que vieram conversar comigo. Explicaram-me que um padre e uma freira tomavam conta daquela colônia e qual era a finalidade do local. Falamos sobre outras coisas e em algum momento a moça me explicou que eu já a havia ajudado em outras ocasiões, provavelmente antes dessa minha encarnação atual. Perguntei para ela o que eu havia feito e ela me disse:

– Você fazia coisas como essa, com as mãos.

Disse isso e abaixou um pouco a blusa no ombro e o mostrou. Quando ela fez isso, o ombro, que antes era perfeito, ficou todo deformado, destruído e depois voltou ao normal. Entendi que ela havia morrido de algum modo desastroso e que, com a imposição de mãos, em outro momento eu a havia ajudado a se curar novamente.

– Você sabe fazer isso – disse ela. – Você pode!

O alcance de nossas ideias repercute em todos os mundos. Tudo o que você pensa é importante e sempre há alguém escutando. Ninguém está sozinho, é impossível.

O que conversei com o rapaz não me lembro, mas guardei comigo que, enquanto minha vibração energética não se afinar com a do local, não terei permissão para entrar.

É por isso que tantos espíritos desencarnados vagam pelo mundo. Apavorados e confusos, nunca viram o tal túnel de luz, não sabem achar o caminho para lugar algum e ficam perdidos. Quanto mais apavorados, mais perdidos ficam. Transitam entre dois mundos e não se encaixam em nenhum.

Se nesse momento não me interesso por esse tipo de cura com as mãos, é porque já aprendi antes, e agora preciso aprender outras coisas novas. E assim é com todos. Quando você tentou de todas as maneiras se dar bem em uma profissão que você adorava, mas por mais que se esforçasse tudo dava errado, é porque em outras vidas você já trabalhou com isso e se deu muito bem. Já aprendeu tudo o que tinha de aprender, então, quando reencarna, a primeira vocação que você tem é essa, que tem de dar errado para que você possa assumir uma nova função na vida atual.

Passeando nos Cemitérios

    Quando comecei a me projetar, trabalhava ajudando nos cemitérios, aliás, esse costumeiramente é o primeiro trabalho voluntário que um projetor astral é convidado a fazer. Saíamos do corpo e, quando "acordávamos" do outro lado, já estávamos em um grupinho de umas três a cinco pessoas, todas sem experiência "no estágio", e nossa função era ajudar a retirar os desencarnados dos cemitérios. Nós tínhamos medo de olhar para alguns daqueles que haviam passado para o outro lado há pouco tempo, porque conservavam aquele mesmo corpo que tinham na hora da morte. Alguns estavam estraçalhados, outros inteiros e outros, que tinham morrido brutalmente antes do tempo, tinham cheiro de cordão de prata queimado. É um cheiro muito parecido com borracha queimada e, até hoje, quando sinto esse cheiro, sei que há alguém nessas condições no ambiente.

    Os recém-chegados sentem fome, frio, dor, desejos. Eles fedem, excrementam, sangram, estão podres, cheios de vermes ou aos pedaços, quando morrem de desastre. Alguns ficam tão disformes que nem se parecem com gente. São bolas de carne humana, com ossos, olhos e pedaços de cabeça. Alguns chegam "normais".

Você não precisa desistir de se projetar por causa disso. É quase impossível que um novato participe dessas ações fique tranquilo.

Não é algo bonito de se ver, mas é um serviço muito nobre, para quem consegue trabalhar nele.

No plano astral, não existe discriminação entre suicidas e não suicidas, pois todos que morrem de doença são considerados suicidas, então a aparência é a mesma, sofrida na maioria dos casos.

Discriminação é coisa de encarnado. No astral não existe nenhuma.

Nós nunca olhávamos para os espíritos deformados para não ficarmos com medo. Quando você for a um velório, evite olhar para o corpo, porque, se ficar impressionado, o espírito recém-desencarnado fica grudado em sua aura e vai com você para casa.

Para quem é sensível, cemitérios e hospitais são locais problemáticos, velório é pior ainda. Evite esses locais e, se for enterro de um parente seu, permaneça o mínimo de tempo possível no velório. Nada de abrir caixão, nada de velar a noite inteira, nada de beijar defunto.

Depois que a pessoa se foi, o mais importante é confortar os que ficaram.

A equipe era comandada por pessoas que também não conhecíamos, mas, quando despertávamos no plano astral, sabíamos exatamente o que deveríamos fazer. Nós recolhíamos às vezes espíritos tão consumidos pela dor que os carregávamos em macas, porque eles não tinham a menor noção do que estávamos fazendo ali. Alguns nem sabiam que haviam morrido. Era um trabalho muito difícil e pedi para sair. Aquilo me incomodava demais.

Em outras ocasiões, éramos enviados para salas de aula onde aprendíamos tudo o que nos pudesse ajudar fora do corpo e dentro dele, porque agora o mais importante é aprender como funciona aqui. Quando morrermos, aí, sim, será melhor aprender as coisas de lá.

Às vezes eu visitava cidades, templos e o que mais gostava, bibliotecas.

Quando acordava, me lembrava do que havia lido, mas, se não escrevesse, dormia de novo e esquecia tudo.

A Cantora de Ópera

Um dia, acordei em um teatro que nunca havia conhecido. À minha frente, uma mulher em estado de decomposição, mas consciente. Era uma mulher branca, gorda, de meia-idade, com roupas de época, mas, como estávamos em um teatro, eu não sabia se era uma atriz ou se aquelas eram suas roupas mesmo. Estava muito inchada e toda roxa e, ainda por cima, muito nervosa e se agitava demais. Percebi que era estrangeira. Minha primeira ideia foi sair dali voando literalmente, mas uma voz foi me acalmando:

– Essa mulher era uma cantora de ópera e, por inveja de sua voz, outra cantora, que era amiga dela, mandou matá-la e cortar sua língua. É por esse motivo que ela está com uma aparência tão ruim e desesperada. É um espírito antigo, que não conseguiu fazer a passagem até agora porque está esperando justiça. Quem mandou matá-la nunca foi punida nesse mundo. Jogue energia nela com as mãos.

Obedeci e em pouco tempo a língua dela se formou dentro da boca e ela percebeu isso. Todo o inchaço e a rouxidão do corpo foram desaparecendo e ela voltou ao normal. Enquanto a operação acontecia, ela foi ficando alegre, como se estivesse muito bem. Assim que a língua se formou, ela começou a cantar, com lágrimas nos olhos, e foi com o olhar que ela agradeceu e sumiu. A voz disse:

– Ela estava presa aqui por muito tempo. Revoltada, não se conformava com a morte injusta e com a perda da língua, seu instrumento de trabalho. Agora que a língua foi plasmada, conseguimos retirá-la daqui.

É importante você saber que a maioria das pessoas que pede justiça quer mesmo é vingança, por isso não consegue se desligar deste plano.

Criança em Fase Terminal

Dessa vez acordei pairando no teto de uma casa em estilo camponês, europeu, com um tipo de celeiro muito antigo e com o teto muito alto. Estávamos eu e mais alguém que eu não conhecia. Descemos para o chão. À nossa frente, um menino de uns 6 anos de idade, com câncer em estado terminal, deitado em uma cama muito pobre, com uma mulher que depois entendi que era sua mãe, sentada ao seu lado.

O menino tinha clarividência e nos viu no quarto. Olhou para nós e se voltou para a mãe. A conversa foi mais ou menos assim:

– Mãe, eu vou morrer?

– Não, querido.

– Eu sei que vou.

– Todo mundo vai morrer um dia.

– Mas, se eu for, vai ser melhor para mim.

– Se você for, vai para outro lugar, onde vai ser cuidado e vai sarar. Você vai continuar vivendo em outro lugar e vai encontrar seus avós lá.

– Eu sei que vou. Sei que vou me sentir melhor depois que for e já não estou mais com medo.

O menino falava e olhava para nós. Sabia que estávamos ali e não tinha medo. Ele acreditava que estávamos ali esperando sua passagem, então não teve mais medo. E era exatamente isso que estávamos fazendo lá. Essa experiência serviu para me mostrar como trabalha um amparador. Ele faz apenas o que é de sua competência, mas nunca interfere em nada.

Falando assim parece uma coisa simples, mas ali me senti a pessoa mais inútil do mundo. Até hoje, quando lembro, me emociono com essas histórias. Meu acompanhante disse:

– O menino está em fase terminal e vai morrer logo. Ele sabe que estamos aqui e por isso não tem mais medo, porque sabe que não vai estar sozinho quando chegar a hora e esse era o medo que ele tinha. A mãe morava apenas com esse filho. Por isso ele não queria ficar só nem deixar a mãe sozinha. A mãe conhece os mistérios da vida e encontrará conforto quando ele se for e depois encontrará outras pessoas, formará uma nova família e ficará bem.

– E nós? Não servimos para nada?

– Muitas vezes nos compete apenas ajudar o inevitável, como neste caso. Nós vamos ajudar na hora da passagem dele. Agora você aprendeu o que um espírito amparador faz. Ele ampara, mas não pode modificar as coisas.

Invasão no Ônibus

É comum nos filmes de terror que, antes de a assombração aparecer, tudo fique muito frio, e o pior é que isso é a mais pura verdade. Fora do corpo você nunca está sozinho, mas também muitas vezes os guias espirituais deixam você passar por situações complicadas para ver como é que você se comporta, para ver se aprendeu alguma coisa, afinal, você não vai ser guiado pelo restante da vida e, uma hora, é você que vai virar guia.

Se você começar a se achar o máximo, aí é que eles te deixam na mão mesmo. Eu era muito jovem quando comecei a me projetar e, como todo jovem, também era imatura e ridicularizava tudo o que não entendia. Houve um dia que eu comecei a duvidar que esses espíritos de baixa evolução pudessem prejudicar alguém de verdade. Sei lá por que eu achava que o poder deles era muito limitado.

À noite, como de costume, tive minha resposta.

Dessa vez acordei sentada no fundo de um ônibus. Estava sozinha e o ônibus estava fechado. Na frente do ônibus, uma horda imensa de obsessores esperava o momento de ter autorização para invadi-lo. De repente correram em direção ao ônibus, gritando, gesticulando e balançando o veículo para capotá-lo. Claro que fiquei apavorada! E o pior, eles de longe me jogaram uma energia gelada e paralisante.

Não conseguia me mexer! Eles chegavam cada vez mais perto e eu lá, sentada e totalmente paralisada; foi quando me lembrei de um mantra que todo projetor usa quando está em perigo, para pedir ajuda. Pensei no mantra e, imediatamente, no momento em que eles iriam invadir, fui retirada dali. Nunca mais fiz zombaria com nada. Morrendo e aprendendo!

Os obsessores conhecem os projetores novatos e sabem direitinho como apavorar alguém no astral. É muito comum eles aparecerem do nada, chegarem por trás de você e agarrarem seu pescoço. Dão-lhe uma gravata para lhe esganar e esganam mesmo!

Fui muita bem treinada e aprendi a me safar dessa. Tentaram me esganar dezenas de vezes, porque não há como evitar isso. Você não os vê chegando e eles já chegam grudando em seu pescoço. Querem causar pânico, pois o medo os alimenta e aumenta sua força.

Há muito projetor que já passou por isso e não quer mais sair do corpo com medo, e os obsessores sabem disso. É isso o que eles querem. Se você ficar apavorado, a energia deles cresce e eles começam a vampirizá-lo e congelá-lo.

Um dia, já estava cansada de ser esganada e resolvi dar o troco. Sempre escapei ilesa, mas às vezes tinha de usar muito mais de minha energia para me livrar deles. E mais uma vez chegou um por trás e agarrou meu pescoço. Eu já estava cansada daquilo e falei:

– Deixe de ser burro! Isso é o melhor que você consegue fazer? Pode esganar à vontade, seu idiota! Você não pode me matar, porque eu estou morta, seu trouxa!

O obsessor soltou na hora! Psicologia astral!

Alguns tentam até violentar. você Existe até um livro que fala sobre uma mulher que era violentada constantemente por obsessores. O plano astral não é exatamente um lugar maravilhoso. É como aqui; existem lugares bons e ruins. É claro que nós não somos jogados lá e abandonados, mas também é óvio que ninguém vai para lá a fim de fazer turismo. Dependendo do trabalho espiritual que você faz, os espíritos de luz instalam equipamentos especiais em seu perispírito, para sua proteção. Já instalaram um dispositivo em mim que, quando uma energia se aproxima, eu sinto na hora. Se for algo ruim, um campo de defesa se fecha em volta de meu corpo. Isso é automático.

Dizem que obsessores podem instalar *chips* no perispírito das pessoas para prejudicá-las. Pessoalmente não acredito nisso. Os de luz, sim, podem instalar vários equipamentos em seus corpos astrais.

Aprendi com os anjos a criar armas de energia que podemos usar no astral e aqui. Essas armas triplicam sua energia e o ajudam a entrar em lugares hostis ou a se defender de um ataque.

Quando você estuda espiritualidade, a cor de sua aura fica mais brilhante e eles sabem disso só pela cor o que você representa. Às vezes, quando chego a um local, vejo vários obsessores que saem correndo, porque nós representamos encrenca para eles.

Já conversei com pessoas obsediadas e seus obsessores se escondem e ficam me olhando de longe. Quando os famosos encostos aparecem, que são os mais fraquinhos, vão se aproximando aos poucos e depois se afastam.

Aliás, encosto não empata a vida de ninguém. Sai dessa!

Tive outras experiências, mas chegou uma hora em que eu estava mais para o lado de lá do que para o lado de cá e não gostei disso. Às vezes, os novatos se impressionam tanto com essas experiências que acabam ficando mais atraídos com a vida de lá do que com a daqui. E eu não queria isso para mim. Os anjos dizem: "Quando estiver lá, aprenda as coisas de lá e quando estiver aqui, aprenda as coisas daqui", e foi o que fiz.

Meu professor de assuntos materiais é Zháyn, meu anjo tutor. Ele me fala que as pessoas aqui são muito distraídas, por isso nascem, crescem, namoram, casam, têm filhos, trabalham e morrem, não necessariamente nessa ordem, mas enfim, a maioria faz só isso e, como não percebem nada além, continuam presas na roda da reencarnação. Disse que a nova ordem aqui para este planeta é que todos devem fazer o possível para não perder o sentido de cada reencarnação. As pessoas estão reencarnando demais, porque têm preguiça de prestar atenção na própria vida e preferem criticar a vida dos outros.

O Dia de Minha Morte Estava Chegando

Não contei para ninguém sobre a visão e a projeção astral. Considerei tudo como uma experiência nova e deixei para lá.

No fundo, senti uma profunda gratidão por saber que se aquilo fosse uma visão de futuro, tudo bem, pelo menos eu não sofreria para morrer. Comecei a gostar da ideia. Comentei com minha mãe:

– Mãe, acho que ontem eu vi minha morte – e contei tudo para ela.

– Filha, você tem vontade de morrer?

– Tenho. Essa vida aqui não é a que eu queria. E depois, se eu morrer, vocês vão ficar bem com minha pensão. Tenho a impressão de que será até o fim do ano.

Novamente ela ficou calada. Eu comecei a me entusiasmar com a ideia de morrer. Se eu morresse, iria para um lugar melhor, conheceria gente nova, entenderia por que tudo na minha vida começava bem e terminava errado e me livraria de uma vez daquele emprego complicado.

Desencarnada, poderia frequentar ao vivo os cursos de lá e mudaria de profissão quando tivesse de nascer de novo.

Morrer sem ter de me matar quebraria um grande galho!

Agradeci a Deus por Ele ter permitido que eu soubesse com antecipação que em breve iria morrer. Aliás, não via a hora de morrer. E não tinha nenhuma lista para cumprir antes da morte, tudo perfeito! Depois de morta, finalmente antes de me dirigir para o túnel de luz, queria dar um passeio na Disney! Que bacana! Só esperava que os espíritos dos norte-americanos me deixassem entrar lá. Que delícia!

Enquanto a morte não vinha, tive nova experiência.

Pronto-Socorro Extrafísico

Dessa vez, acordei em um lugar estranho e novo. Fui dormir na minha cama e acordei em um corredor. Alguém invisível me conduziu até esse lugar, mas o cenário era tão pitoresco que não me preocupei em identificar quem estaria comigo, mas sei que não estava sozinha.

Passei por um corredor cinza, estreito, muito limpo e inodoro. Tudo lá parecia ser feito de concreto simples, sem revestimento, sem janelas, sem flores, sem enfeites, sem nada. Até o final do corredor andei uns três metros e cheguei a uma salinha de uns seis metros quadrados, também sem janela alguma.

Lá estavam duas pessoas. Uma delas era um homem de uns 70 e muitos anos, branco, magro, desgastado pela vida, calvo de cabelos ralos, vestindo uma calça de dormir e uma camiseta regata, despenteado e com a barba por fazer.

Enrugado, mal-humorado e cheio de olheiras, parecia carregar todo o peso do mundo em suas costas.

Do joelho para baixo ele não tinha pernas. Sentado em uma maca, vomitava um líquido amarelo no chão, virado para a parede. Olhou-me de soslaio, com um olhar ruim, mas não disse uma só palavra.

A outra "pessoa" era mais novo e mais estranho. Ele ficava na parede oposta ao velho e os dois estavam sentados, um de costas para o outro. Esse faria qualquer um sair correndo dali na hora.

Tinha a aparência de homem de uns 40 a 50 anos, impossível adivinhar por um pequeno detalhe: o formato do nariz. O nariz dele parecia uma corneta, como se tivesse saído de um desenho animado. Não conseguia entender aquilo! Ele segurava aquele nariz comprido, enorme, que afunilava no final. A figura bem poderia ter saído de um dos quadros de Hieronymus Bosch. O espanto que ele me causou não permitiu que eu o olhasse em detalhes. Triste, olhava para o chão e nem sequer notou minha presença, ou talvez não estivesse me vendo mesmo. Estava sentado em outra maca, segurando aquele estranho nariz.

Mil coisas me passavam pela cabeça nesse momento. Percebi que estava fora de meu corpo novamente e, de alguma maneira, fui parar naquele lugar. Não era um sonho nem um pesadelo. Sabia que aquele lugar era um hospital e que aquelas pessoas estavam mortas.

O velho que passava mal, eu poderia deduzir que havia morrido por problemas estomacais, mas e esse outro? Seria humano? Será que nossos conflitos interiores nos causavam tanto mal que poderiam afetar nossa aparência física depois da morte?

Por que o nariz dele teria ficado daquele jeito? Seria efeito de cocaína? Não se parecia com um drogado. Era um tipo comum, magro, cabelos escuros, pele clara, vestido como o outro velho, com um pijama comum. Não era mal-encarado, parecia ser melhor de conviver do que o velho. Esse homem do nariz de corneta exalava tristeza e o velho, revolta, raiva.

Eu sabia que estava sendo levada para conhecer meus futuros companheiros de quarto, porque notei uma maca vazia entre as duas figuras, no meio dessa salinha.

Pensando melhor, já não achava que ali era um quarto de hospital. Estava na cara que era um tipo de pronto-socorro para os recém-chegados. Se fosse um quarto de hospital, ali estariam outras mulheres como eu. Deveria haver remédios, enfermeiros, médicos, mas nesse local ficava qualquer um que chegasse. Não havia equipamentos médicos, soro, enfermeiros, nada que eu conseguisse enxergar naquele momento, pois mais tarde aprendi que nós só conseguimos enxergar aquilo que está em nosso nível energético de visão, então não ver não significa que não exista.

Pensei: "Acho que estão me esperando!".

Dessa vez tive certeza de que já havia morrido mesmo. Morri dormindo, sem perceber. A hora havia chegado. Só podia ser isso. O tempo não passava ali e, se fosse um sonho, estava demorando muito para acordar, mas se fosse uma viagem astral, diante de meu espanto, meu corpo já teria me atraído de volta, mas nada acontecia.

Nesse momento, uma voz masculina falou de forma muito clara em minha cabeça, porque não vi ninguém ao meu lado:

– Conhecemos todos os motivos que levaram você a ficar doente, sabemos tudo o que você passou, e por que você aceitou morrer. Então, por causa disso, você não vai sentir dor quando chegar sua hora...

Silêncio.

Então eu ainda estava viva?

Não estava acontecendo como eu pensava. Eu sabia que iria morrer e que não sofreria, mas também não havia a sensação do dever cumprido. Eu sabia que, por algum motivo desconhecido, eu estava morrendo, mas que não havia completado minha missão, que sequer eu conhecia. Foi aí que a voz completou a frase:

– ... mas depois vai ter de reencarnar e passar por tudo isso novamente.

As Sombras que Caminhavam pelo Prédio

De volta para o corpo, acordei. Entendi que alguma coisa precisaria ser mudada em minha vida daqui para a frente. E foi só quando a voz disse "vai ter de passar por tudo de novo" que eu comecei a me apavorar.

Durante o dia, as lembranças continuavam nítidas e a certeza de que eu morreria em breve aumentava em mim. Meu coração disparava quando lembrava que teria de passar por tudo aquilo de novo. Eu sentia raiva. Todo o meu conhecimento espiritual nessa hora não estava me ajudando em nada. Se eu estava em uma crise, ela havia começado há muito tempo.

Anos atrás, havia procurado ajuda para compreender por que as coisas davam muito errado em minha vida, apesar de toda a minha boa vontade. Foi só perda de tempo. Fui a cartomantes, espiritualistas de todos os tipos e também em tudo quanto é igreja, mas nada mudava minha vida e ninguém conseguia me dizer onde eu estava errando. Foi quando comecei a estudar Cabalá, que as coisas começaram a melhorar um pouco, até que tudo se estabilizou e começou a cair novamente.

Meu calcanhar de Aquiles sempre foi a área profissional mais do que a área sentimental, que ainda funcionava de vez em quando. Eu ouvi de tudo. Pediram-me para mudar de vocação, abrir os caminhos das formas mais mirabolantes e, por fim, dar uma grana para Deus me ajudar. Fiz tudo e nada funcionou.

Passar por tudo isso novamente me fez sair do buraco escuro e procurar a luz.

Ficava lembrando dessa viajem astral o tempo todo. Aos poucos minhas ideias iam tomando forma sobre o que havia me acontecido. De alguma forma eu precisava mudar de vida. Mas como? E como eu iria morrer?

E chegou a semana de fazer o concurso público.

Como já trabalho em um órgão público, essa seria uma das poucas chances que teria para conseguir uma melhora, porque todos os cargos importantes são sempre destinados para os apadrinhados políticos e esse é o principal motivo de que a velocidade e qualidade do atendimento não melhoram nunca.

Quando um funcionário público presta um concurso, o peso da prova é absolutamente enorme, porque ele sabe que suas chances são sempre mínimas.

Todas as tarefas importantes que ele faz no dia a dia serão desprezadas. Se quiser se efetivar no cargo, terá de fazer uma prova para "provar" que ele pode fazer aquilo que já faz há anos.

Se a matéria da prova não cair, a pessoa se vê roubada mais uma vez e foi justamente isso que me aconteceu.

Quando chegou o dia de fazer a prova do concurso, logo cedo já aconteceu um imprevisto. A caneta que eu havia levado era transparente e fumê. Os organizadores da prova me fizeram arrebentar a caneta e escrever só com a carga ou seria desclassificada, porque os editais dizem que a caneta precisa ser transparente.

– Quem não tiver caneta transparente não poderá fazer a prova. Se quiserem, podem arrebentar a caneta e escrever com a carga.

Nosso país exibe uma das maiores corrupções do mundo, principalmente em concursos públicos, e eu estava sendo impedida de fazer a prova se não arrebentasse a bendita caneta, linda e importada, porque o edital exigia que fosse transparente, mas na imaginação dos organizadores que estavam na classe, fumê não é transparente. Engraçado que o vidro de meu carro é fumê e eu enxergo muito bem, então vidro do carro pode, mas caneta esferográfica, não. Isso é Brasil!

No edital também se exigia que fosse caneta com tinta preta, mas os organizadores de minha sala disseram que tanto fazia preto como azul e, em outras salas, ninguém se lembrou de olhar a transparência da caneta e muito menos a cor da tinta.

Meu drama começava ali. Pelo que sei da linguagem dos anjos, esse problema com a caneta já era um sinal de que algo não estaria bem.

Na hora de fazer a primeira prova, que era um teste e a segunda prova, uma dissertativa, tomamos um grande susto. De toda a matéria que disseram que cairia na prova, não caiu nem 20%.

Pude sentir a nuvem de raiva que se formava no ar. Era tão densa que estava quase palpável. As pessoas estavam com muita raiva porque se sentiam roubadas.

Pagaram bem caro para fazer uma prova e estavam fazendo outra. Eu estava com muita raiva também e tentava me controlar, pensar positivamente, mas estava bem difícil.

Fizemos a primeira prova e fomos para um intervalo. Com minha sensibilidade, pude sentir que não só eu, como todos os outros, estávamos alterando o ambiente.

Sombras escuras podiam ser vistas aqui e ali, passeando entre as pessoas. Não eram fantasmas, eram criações mentais que toda a nossa onda de raiva estava formando.

Essa raiva criava figuras fantasmagóricas que perambulavam pelos cantos do prédio, encostando-se àqueles que estavam mais nervosos. Essas cascas mentais se misturavam com outras que já estavam no prédio antes de chegarmos. Toda essa egrégora agora começava a atrair espíritos errantes de toda parte da cidade que se dirigiam para lá, magnetizados por essa onda.

Quando a pessoa se acalmava, eles iam para outras direções, alimentando-se de mais raiva, de outras pessoas e induzindo as mais calmas a ficarem nervosas.

Eu tentava me acalmar a todo custo, mas estava difícil.

Quando terminassem as provas, algumas dessas entidades se esvaziariam, mas outras continuariam com seus criadores, indo para casa com eles, e algumas permaneceriam no prédio.

Pouca gente sabe, mas os seres humanos possuem a faculdade de criar outros seres com a força de seu pensamento, e principalmente com a raiva.

A prova dissertativa foi absurda e repulsiva. Tive um ataque de fúria tão grande nesse dia que, se fosse cardíaca, teria morrido lá mesmo. As perguntas da primeira prova eram estranhas, não tinham nada a ver com a matéria estudada, e a prova dissertativa era uma piada de mau gosto, insuportável. Parecia que eu podia ver a cara sádica da infeliz criatura que bolou aquela prova maldita, rindo de todos os idiotas que tinham pago por ela. Ainda assim, estava otimista, porque sou sempre otimista, ocorra o que ocorrer. De alguma forma, eu sentia que tinha passado.

Quando saí da prova, após chegar em casa, comi uma *pizza* para comemorar.

Algo me dizia que, apesar de tudo, tinha passado nos testes. Aquela sensação não saía de mim. No fim do dia, notei que minhas fezes estavam muito escuras. Concluí que era excesso de manjericão da margheritta. Quando finalmente me acalmei, lembrei-me de que minhas fezes estavam escuras já fazia tempo, mas, como não sentia nada, ignorei.

Na semana seguinte após a prova, como de costume, logo de manhã fui ligar o carro para ir ao trabalho e ele não ligou. Tentei novamente e de novo, mas o carro não ligava. Só poderia ser a bateria, mas o problema é que ela era novinha, não tinha nem um mês de uso e era a de melhor qualidade. Desisti do carro e fui trabalhar a pé.

À tarde voltei do serviço e fui ligar meu notebook. Nada. Não ligava.

Verifiquei a bateria e ela estava totalmente descarregada. Como se eu nunca o tivesse usado antes. Comecei a desconfiar daquilo.

Sábado pedi auxílio para um tio meu que sabe tudo sobre carros. Ele fez uma ligação indireta e conseguimos chegar ao autoelétrico. Bateria zerada, mas ninguém sabia qual era o motivo.

Mandamos examinar a bateria na revenda. Nada de errado. Carregamos a bateria e ela descarregou novamente.

Chego em casa e ligo meu PC: monitor queimado.

Em três semanas a bateria do notebook descarregou com a bateria do carro e o monitor do computador queimou. Realmente a coisa não andava bem para meu lado, mas para mim, pelo menos a saúde estava boa. Isso era o que eu achava.

Depois de um mês carregando e descarregando a bateria do carro, que zerava totalmente da noite para o dia, consegui arrumar uma solução colocando uma peça que impedia a bateria de funcionar com o carro desligado.

Mais de um mês e o resultado do concurso ainda não havia saído, as fezes continuavam escuras e eu achando que ainda era efeito do manjericão, que nem roxo era!

Em uma sexta-feira, quando faltava um dia para completar um mês após a prova, entrei em contato com os coordenadores do concurso, que me informaram de que não havia data para publicação dos resultados.

Continuava muito tensa com o possível resultado da prova. Já não estava tão otimista, mas ainda achava que havia passado e não me importei com as fezes que continuavam escuras. O manjericão estava difícil de sair!

Na segunda, de manhã, um anjo soprou no meu ouvido: "Parabéns. Você conseguiu!".

Fiquei feliz! Agora tive a certeza de que havia passado na prova. Até que enfim minha vida mudaria e eu seria feliz novamente. Todas as minhas esperanças de um futuro melhor estavam depositadas nessa prova e eu merecia passar! São muitos anos de serviço honesto, salário baixo e humilhações e ninguém mais do que eu merecia passar nesse concurso. A justiça se fez!

Nesse mesmo dia, mesmo sabendo que não haveria uma data certa para sair o resultado, entrei no *site* do concurso e soube que tinha sido reprovada.

A Alma que Sangrava

Minhas fezes continuavam escuras e eu resolvi mostrar para minha mãe.

Mãe, olha uma coisa, mas não fica com nojo.

– Veja, estão pretas.

– Por que não me mostrou isso antes? É sangue!

– Será?

– Claro! Eu também já tive isso. É sangue! Você precisa ir ao médico urgente!

– Mas será que não é excesso de manjericão? Eu ando comendo muito isso.

– Que manjericão o quê! Já viu manjericão dessa cor?

– Está certo. Amanhã vou marcar uma consulta.

Tive sorte e a consulta demorou apenas duas semanas para acontecer, e olhe que eu tenho plano de saúde.

No dia da consulta, contei de uma forma resumida ao médico.

– Doutor, faz mais ou menos dois meses que minhas fezes estão muito escuras. Parece adubo, borra de café.

O médico deu um pulo na cadeira, olhou para meu abdome e disse:

– Você precisa fazer uma endoscopia com urgência, porque pode estar com hemorragia!

Foi só aí que começou a cair minha ficha e comecei a ficar apavorada aos poucos e de vez. O jeito do médico me deixou nervosa. Finalmente as coisas começavam a se encaixar. Minha barriga estava imensa, mas eu só notei nesse dia, porque o médico se assustou com o tamanho dela. Comecei a pensar que, se fosse grave, poderia me matar.

Precisava fazer um exame urgente. Comecei a ligar para todos os laboratórios do plano de saúde, mas, quando havia vaga, era para daqui a um mês.

O sangramento continuava e nada de conseguir marcar o exame. Reclamei no plano de saúde e ninguém me deu a mínima. Reclamei na ouvidoria e nada. "Na hora de pagar, eu pago em dia, porque se atrasar vocês cobram a mais, mas na hora de me atender não tem vaga? Preciso fazer esse exame urgente. O médico disse que posso estar com hemorragia. Se vocês não fizerem alguma coisa vou reclamar na imprensa." Foi exatamente isso o que escrevi na reclamação e foi o que fiz. Reclamei no advogado de defesa do *Jornal da Tarde* e em dois dias ligaram para marcar o exame.

Entre o começo do sangramento abdominal, o concurso, a consulta e o exame de endoscopia, haviam passado pelo menos uns três meses. Precisei fazer uma biópsia e o resultado da endoscopia indicava que eu ainda continuava sangrando após todo esse tempo. Não havia remédio para parar aquilo. Voltei ao médico e ele disse que eu estava com três tipos diferentes de gastrite e que aquilo era sério.

Conclusão do exame:

Esofagite não erosiva distal;

Gastrite hemorrágica de fundo gástrico;

Gastrite enantematosa antral leve;

Bulboduodenite enantematosa leve.

Só isso. Tudo leve! Que bom! Ufa!

O médico deu-me uma receita e eu voltei para minha vida. Estava preocupada. Meu estômago parecia um queijo suíço e se um daqueles buraquinhos aumentasse, causaria uma hemorragia e uma úlcera. Nesse caso seria correr para o pronto-socorro e contar com a sorte. E nada de parar de sangrar. Mas era tudo "leve"!

Eu já estava medicada, mas, qualquer coisa que eu comia, me fazia sangrar mais ainda. O que antes não me prejudicava, agora me fazia mal e eu não tinha controle sobre isso. Precisava reaprender a me alimentar de um jeito novo.

Não podia beber café e nenhuma bebida com gás, então não poderia mais tomar refrigerante.

Não podia comer massa nenhuma e mesmo assim meu abdome parecia uma bola.

Meu café da manhã era um suplício, porque exatamente tudo o que se come pela manhã me fazia muito mal. Um dos piores dias de café da manhã foi quando eu inventei de comer uma maçã. Para mim realmente era a fruta proibida. Foi comer e passar muito mal. Não podia tomar nenhum suco ácido e nenhum líquido gelado.

Gostava muito de suco de maracujá, limão, laranja e abacaxi, mas o único suco que não me fazia mal era o de caju. Café, nem pensar. Fritura jamais. Nunca mais bebi refrigerante, mas isso foi ótimo e continuei sem beber para sempre, porque aumenta a acidez e engorda demais. Era praticamente impossível comer pão. Fiquei meses sem comê-lo.

Dizem que toda pessoa com gastrite vira um palito, mas eu continuava uma bola.

Fora a alimentação, precisava urgentemente reaprender a pensar, porque qualquer alteração de humor me fazia sangrar. Até estar de muito bom humor me fazia sangrar.

Minha vida não apresentava naquele momento nenhuma âncora de salvação vinda de dentro ou de fora. Já não havia qualquer motivação para continuar vivendo, além da horrível possibilidade de passar por tudo aquilo de novo, caso morresse, então agora essa possibilidade me apavorava. De jeito nenhum eu queria passar por tudo aquilo de novo. Outra vez trabalhos medíocres e relacionamentos problemáticos?

Não havia nenhum remédio que me curasse, se eu não mudasse minha cabeça.

Finalmente compreendi que, se morresse, seria por causa do estômago, não do coração, e que poderia mesmo morrer. Pesquisei na internet e vi que muitas pessoas morrem por causa de hemorragia no abdome e, agora, eu não queria mais morrer.

Como não queria passar por tudo isso de novo, resolvi agir.

Queria esganar o tal anjo que soprou que eu havia passado na prova.

Passei em que, Voador? Está me gozando? Que conversa foi essa?

Na semana seguinte seria meu aniversário, junho de 2012, e eu estava triste com aquilo tudo. A vida estava um lixo, eu poderia morrer e ainda teria de passar por tudo novamente. E o sangramento continuava.

Pensei em fazer alguma coisa para espairecer e ouvi em um programa de rádio que haveria um curso de arcanos maiores do Tarot em uma escola esotérica.

Resolvi me dar esse curso de presente, porque em julho eu deveria começar uma pós-graduação que estava a fim de fazer havia muito tempo. Então, na semana de meu aniversário faria o curso de Tarot e, na outra, a matrícula na pós, que começaria em julho.

Tudo certo nas duas escolas. Eu precisava pagar uma taxa para me matricular na pós-graduação, mas, não sei por que, algo me impedia. Eu simplesmente não conseguia ir, não sentia vontade.

Em um fim de tarde, após falar com a secretaria da faculdade e confirmar meu interesse no curso, senti uma angústia tão grande que parei tudo o que estava fazendo e fiquei pensando na vida.

De repente me veio na cabeça o quanto eu já havia estudado e que de nada me tinha adiantado tanto estudo.

Estudar para quê? Para ser roubada nos concursos? Estudar para quê, se todos os bons cargos são indicados para os apadrinhados políticos que não têm nem um terço do que já estudei até hoje. Estudar para quê? Onde os estudos tinham me levado até agora? Será que era isso que a vida queria de mim? Será que continuar batendo na ponta da faca mudaria alguma coisa?

Não! Chega! Cansei! Chega de depender de coisas externas para ser feliz!

Chega de esperar o reconhecimento dos outros! Chega de gente me sugando o tempo todo! Chega! Chega!

Fiquei com mais raiva ainda e entrei em contato com a faculdade de novo e desisti do curso de pós-graduação. A secretária não acreditava no que estava ouvindo, porque repeti todos os meus "chegas" para ela.

Fiz minha escolha. Pelo menos era o que eu tinha falado, mas por dentro ainda tinha muitas dúvidas sobre o que estava fazendo.

Sentia-me muito mais atraída por um curso de Tarot do que por uma pós-graduação em Luminotécnica. Se eu contasse isso para meus amigos, eles diriam que eu estava louca. Imagine perder dinheiro com uma coisa dessas, Tarot! Eu tinha uma explicação na ponta da língua se alguém perguntasse "Só fiz o curso porque era muito barato". Mas não contei para ninguém sobre o assunto.

E se me desse vontade de voltar para a pós novamente, voltava! Sou geminiana, mudar de ideia é comigo mesma!

Decidido. Vou para curso de arcanos maiores do Tarot.

Arcanos do Tarot

Chegou o sábado de fazer o curso de Tarot. Cheguei no local uma meia hora antes do curso e já havia pessoas esperando do lado de fora, porque os portões da escola só se abrem meia hora antes do início de cada curso. Fiquei conversando com as pessoas que estavam no portão.

Estávamos em três pessoas, eu, um aluno chamado Carlos e o nome das outras duas moças não me lembro, porque nunca mais as vi. O Carlos já tinha feito outros cursos e era o único com experiência em Tarot naquele momento. As outras duas eram de outros cursos. Outros alunos foram chegando enquanto nós conversávamos.

Quando faltavam uns 15 minutos para abrir as portas, uma figura passou muito rápido por nós. Alguém disse que era Ivana Regina. Engraçado que fazia anos que eu não ouvia mais aquela rádio e de repente resolvi começar a ouvir de novo. Gostei do programa de rádio, em que Ivana e Daniel eram os locutores. Ela passou feito um foguete, de modo que não vi seu rosto direito. Depois que ela entrou, todos nós entramos também. Era ela quem daria o curso.

Achei a escola esquisitíssima. Havia, logo perto da entrada, a estátua de um homem que parecia um elefante hindu com incenso e havia umas coisas de bruxaria, vassouras e coisas que eu nem sabia o que eram, espalhados pelo lugar. Eu era uma cabalista tradicional com mais de 20 anos de estudo e não conhecia nada daquilo que agora estava bem à minha frente.

Quando já estava pronta para torcer o nariz àquela estátua, vi um anjo lendo um livro, perto de um aquário. Eu tinha um pouco de clarividência naquela época, depois foi que aumentou. Ele não tinha asas, nem vestia uma bata nem tocava uma harpa, mas conheço bem um anjo quando vejo um. Normalmente eles se apresentam em roupas comuns e estão sempre lendo ou estudando. Vi que ele estava lendo um livro de magia que eles vendiam por lá. Quando me virei para trás e não sei por que fiz isso, vi um velho de barba, vestindo uma túnica e com um chapéu engraçado, descendo pelo teto. O velho parecia o Gandalf. Ele apareceu e sumiu. Só que essa visão me distraiu do anjo e esqueci de ver qual era o livro que ele estava lendo. Lembro-me de que era um livro de capa verde, com figuras geométricas, mas como a escola estava lotada e havia muita coisa acontecendo, me distraí ainda mais.

O curso era dado em dois dias, sábado e domingo, e no dia seguinte, quando fui procurar o tal livro, já o haviam vendido. Nunca mais eu vi esse livro por lá. Até hoje não sei se era um livro real ou espiritual.

As pessoas eram simpáticas e a escola cheirava a incenso, mas aquele elefante me perturbou um pouco. Aprendi desde sempre que estátuas são pura idolatria e que dentro de uma estátua sempre existe uma entidade do mal e que não existe nada além de Deus, para os cabalistas, e Jesus e Maria, para os cristãos. Só isso e nada mais que preste. Todo o restante era do mal.

Logo na entrada da escola havia uma lojinha que vendia de tudo, então havia muita coisa para olhar, além do anjo e do Gandalf.

Saindo dali, havia um corredor e depois, um pátio aberto com um grande caldeirão bem no meio, cercado por outros quatro caldeirões menores. Claro que fui bisbilhotar o que havia dentro do caldeirão! Havia água, porque tinha chovido bastante um dia antes. Havia água, mas nenhum mosquito nem dentro nem perto. Achei estranho aquilo, porque estava o maior sol e a água não evaporava e estava limpa. Depois desse pátio ficava uma grande sala de aula, no térreo e em cima, eu não sabia o que havia. Mais tarde alguém me disse que lá em cima ficavam os sanitários e outras salas de aula.

Começo da aula, a mestra Ivi (diminutivo carinhoso de Ivana, só para os íntimos) como eu a chamo agora, se apresentou e começou a falar dos 22 arcanos maiores do Tarot.

A Mestra é uma mulher exuberante, muito bonita, que se veste do jeito dela, toda exótica e muito elegante, de cabelos castanhos compridos, meia-idade e poderosos olhos verdes, que enxergam tudo.

Havia um poder naquela mulher que deixava todo mundo entre atraído, encantado e apavorado. E quando ela dava sua risada de bruxa, aí é que a gente se apavorava mesmo! Risada de bruxa... caldeirão... sim! Comecei a perceber que ali era uma escola de magia para bruxos. Eu não sabia disso! Eles não tinham dito nada disso no programa de rádio!

Pela rádio, jamais deduziria que eram bruxos. Pareciam ser tão gentis e educados, então como poderiam ser bruxos? Todo bruxo não tem parte com o capeta? Foi isso que aprendi!

Não sabia quase nada sobre bruxos, apenas que eles existiam na Disney e que morreram em Salém e que todo bruxo era do mal, com exceção de Harry Potter e seus amigos.

Tudo na escola era exótico, mas nada ganhava da mestra Ivi nesse quesito.

Ela tinha credibilidade, sabia o que estava falando. Ivi entrou como um raio na sala, se apresentou e começou a explicar o que era o Tarot e como ele funcionava.

E eu, que jamais havia tido um contato íntimo com esse assunto, estava gostando bastante. Por mais cética que fosse, acreditei nas palavras daquela mulher desde o primeiro instante em que a vi.

Quando era adolescente, comprei uma revista que continha um Tarot de Marselha, mas não gostei daquilo. Era complicado demais. Um dia comprei um baralho cigano Lenormand. Desse eu gostei. Nunca li a revista, mas conseguia jogar, deduzindo tudo pelas imagens. Depois de um tempo, desenhei meu próprio baralho cigano em um papel grosso, plastifiquei e o joguei durante anos. Jogava para mim e para minha mãe. Não errava nada. Depois adquiri um Tarot egípcio que eu gostava muito, mas que veio com uma carta duplicada e faltando outra carta. Também o jogava muito, apesar de nunca ter estudado o assunto. Até hoje eu tenho esse Tarot egípcio e o baralho Lenormand, mas o que eu havia desenhado, depois de muitos anos o joguei fora.

No meio da aula, a mestra Ivi ensinou-nos que três determinadas cartas na casa da saúde indicariam a morte física de uma pessoa. Ela disse que, se fosse chegada a hora, não haveria o que fazer, mas se a morte fosse precipitada, o Tarot responderia o que fazer para se livrar.

– Crianças, quando chega a hora de morrer, não tem jeito, mas quando a morte está sendo causada pela própria pessoa, ainda dá para mudar. O destino pode ser mudado sim. Vocês nunca devem falar diretamente para a pessoa que ela vai morrer, mas podem falar de um jeito que ela compreenda que o tempo que lhe resta é pouco, ou que ela pode mudar de vida e se curar. Quando aparecer essa sequência de três cartas, nessa ordem exata, antes de falar qualquer coisa, perguntem para o Tarot se está mesmo na hora ou não. Se não estiver, o Tarot vai mostrar.

O curso durou quase o dia inteiro e, no fim do dia, a mestra Ivi mandou que nos juntássemos em pares e que cada um responderia a três perguntas para o outro.

Ficamos eu e o Carlos, o aluno que conheci na entrada. Fizemos várias perguntas durante o dia todo e todas as respostas eram muito convincentes. Eu estava cada vez mais pasma. Minha intenção nesse curso era apenas me divertir, distrair um pouco minha cabeça, mas, por mais absurdo que parecesse, havia algum sentido naquilo tudo.

Parei. Respirei e me acalmei. Entendi que nada mais em minha vida fazia sentido.

Estava tão assustada com o Tarot que comecei a perguntar coisas que eu tinha certeza da resposta e as cartas continuavam respondendo certo. O Tarot havia passado com louvor em meu teste.

A mestra passava informações dos 22 Arcanos, carta por carta, então notei que faltavam algumas cartas em meu Tarot e outras estavam duplicadas. Para meu espanto, todas as três cartas que estavam faltando correspondiam exatamente aos meus três maiores defeitos, e as duas cartas duplicadas, às minhas maiores qualidades.

Percebi que, de alguma forma, o Tarot tinha vida e estava tentando se comunicar comigo. Meu coração ficava disparando o tempo todo. Estava muito ansiosa na época, então ele me satisfazia totalmente, porque era só fazer a pergunta correta que a resposta já vinha na hora.

No começo, todas as perguntas são simples, então dá para entender as respostas sem muito estudo.

Durante o intervalo, troquei o baralho defeituoso por um novo e continuei jogando.

Eu perguntava e eu mesma respondia ou eu e o Carlos consultávamos a apostila, porque muita coisa já estava na minha cabeça, apesar de ser minha primeira experiência com o Tarot. As respostas continuavam vindo exatas e eu mal podia acreditar no que estava acontecendo.

Perguntei sobre o amor, sobre trabalho e, por último, sobre saúde. E adivinha o que saiu? Sim. As duas cartas da morte, na sequência exata, e a terceira, indicando morte prematura.

A Visita dos Anjos

Esse foi um daqueles momentos em que o tempo parou para mim novamente.

Naquele instante só havia eu, o Tarot e meu colega.

Agora tudo estava esclarecido. Juntei as peças. As viagens astrais, o sangramento e as cartas. Eu iria morrer mesmo. Não chorei nem me lamentei.

Naquele momento, minha cabeça estava tão densa que não consegui pensar em mais nada. A última das três cartas mostrava que eu morreria antes do tempo determinado. Pensei: "Será que ainda existe alguma esperança?".

A mestra chegou perto de nós e perguntou:

– Alguma dúvida?

– Não, mestra. Dúvida nenhuma.

Em casa, joguei novamente. Adivinha? Morte novamente. Morte antes do tempo. Será que haveria como mudar realmente?

Na semana seguinte começaria um curso de Tarot que duraria cinco meses, tempo suficiente para mudar minha forma de ver as coisas e melhorar minha saúde.

Teríamos uma aula por semana, toda sexta-feira, e essas aulas foram minha terapia para tirar o pé da cova.

Fora esse curso, uma vez por semana, fiz o curso das Alquimias, que era uma vez por mês. Alquimia era outro nome para magia. Lá estudávamos os elementos, as pedras, os temperos, os incensos e até como fazer um perfume mágico.

Estava começando a perder o medo dos bruxos e a confiar neles.

Durante as aulas de Tarot, sempre que eu chegava na escola, dava uma passada antes onde havia visto o anjo lendo um livro. Eu comecei a chamar aquele lugar de "Cantinho dos Anjos".

Eu nunca mais vi outro anjo ali, mas continuava sentindo a energia deles nesse local. Sabia que eles ficavam sempre no mesmo canto e eu, junto a eles. Sempre ficava um pouco ali antes do início das aulas, para me energizar e acalmar.

Nessa sala, que também era uma recepção e loja, havia um recipiente com um cristal grande com água e uma imagem de um anjo. Interessante é que jamais vi um anjo sequer ser atraído para aquele local. Eles sempre estavam no mesmo lugar, no cantinho dos livros, perto do aquário de peixes coloridos.

No início do ano de 2013, fizeram umas mudanças nessa sala. Levaram o aquário embora e retiraram os livros daquele canto. Em seu lugar colocaram uns CDs de música Wicca. Os anjos sumiram de lá. Nunca mais os vi nesse local. Passou-se um tempo, colocaram os livros em outro canto, perto da porta e, próximo deles, pedras, livros e velas coloridas e perfumadas. E lá estavam os anjos novamente. Os anjos são atraídos por cores, informações, livros, certos perfumes e boa música, mas não sentiam atração pelo cristal.

Nós adorávamos as aulas de alquimia da mestra Ivi, e algumas me marcaram em especial.

Uma delas foi uma aula sobre sabores e, sempre ao término da aula, participávamos de um ritual. Quanto mais eu aprendia, mais minha saúde melhorava, mas ninguém na escola, com exceção de uns dois alunos, sabia que eu estava em recuperação. Não queria que ninguém ficasse com pena e também não queria chamar a atenção para minha saúde, mas o destino pensava diferente.

Nesse dia, Ivi pediu que experimentássemos alguns alimentos para entender como a língua era dividida e como ela mandava essas informações para o cérebro.

Explicou que cada parte da língua sentia um sabor diferente. Pediu que experimentássemos café preto sem açúcar e um tipo de pimenta que não ardia muito, mas para mim não dava, então tive de contar para ela que fazia um tratamento importante para o estômago. Acho que nesse dia ela começou a ficar mais esperta comigo.

No fim da aula, ela deu um pirulito para cada um de nós. Já não tinha muito a ver com o ritual. Como os alunos eram quase sempre os mesmos, criamos um vínculo tão forte que viramos amigos. A mestra confiava e gostava de nós. O pirulito significava um retorno à infância, nossa e dela, um momento especial que ela não precisava, mas que estava repartindo conosco.

Ivi é assim. Durante a aula é uma mestra, exigente, imparcial, centrada e hierárquica. Nunca ouse fazer pergunta em hora errada. Nunca a interrompa, porque ela vai dar bronca ao palavrão, mas fora da aula, todo o carinho que ela esconde, vaza. Isso se ela quiser. É nesses poucos momentos que ela mostra que também é gente. Ela chora, ri e gosta de sentar no chão, em um círculo, junto aos alunos. Só assim podemos ter acesso ao seu mundo, porque depois ela o fecha novamente. Fora dos círculos, quase não fala conosco.

Em um desses momentos iluminados, Ivi nos falou sobre sua vida antes de entrar para a bruxaria. De como um dia resolveu largar seu emprego muito bem remunerado de secretária executiva bilíngue, terminou um casamento e partiu para essa outra vida, sem olhar para trás. Do tempo que estava meio perdida e foi morar no mato, pensando em nunca mais voltar para a cidade, até que resolveu pedir um sinal para o Universo. Ela fez um trato com a vida, de que se alguém lhe desse um orquídea até o fim do ano, ela voltaria para a cidade. Caso contrário, viveria até o fim da vida no campo.

Um dia, quase no término do prazo, uns amigos vieram visitá-la e lhe deram uma bebida que tinha justamente essa flor na garrafa. Foi o sinal esperado. Voltou para a cidade. Ainda sem emprego, vendia os pães que ela mesma fazia, porque precisava se bancar sozinha, foi quando conheceu o Tarot e o Daniel, que virou seu mestre e lhe ensinou tudo sobre magia e oráculos.

Ela nunca se arrependeu de ter mudado de vida. Essa nova vida era sua e a outra era a que tinham escolhido para ela.

Senti que bruxo é só um título, uma palavra, um nome que em si não diz muita coisa. Os bruxos comemoram a liberdade e a vida, que é tudo o que Deus gosta. São pessoas livres e assumidas. O lema da bruxaria é "Faça tudo o que quiser, desde que não prejudique a ninguém". É um tipo de espiritualidade muito malcompreendida, mas é um caminho pleno e iluminado. Essa entidade do mal que os cristãos tanto temem nunca fez parte da bruxaria. Bruxos não cultuam o mal. Vestem-se de preto e usam o pentagrama para se proteger do mal, não para fazê-lo. Rabinos e padres também se vestem de preto e ninguém acha que eles têm parte com o demo. Puro preconceito que eu também tinha. Cultuam vários deuses, da mesma forma que outros cultuam os santos e os que não acreditam em santos e deuses, cultuam livros, cantores, jogadores e pessoas geniais. Só os fanáticos são idólatras, porque todo mundo tem um ídolo, só que não quer admitir. Admirar não é pecado. Pecado é achar que a figura que você admira pode dar jeito em sua vida ou fazer tudo por você. Nem Deus faz isso, porque tudo já nos foi dado, o restante é conosco.

Diferentemente de todas as outras religiões, ali naquele lugar havia pessoas com quem se podia conversar, sem se sentir por baixo. Bruxos não pedem dinheiro, mas cobram por seus cursos. Não sacrificam sapos, corvos, corujas ou qualquer outro animal nem matam criancinhas. Quem mata criancinha é político corrupto, porque o que tem de criancinha morrendo de fome, de sede e de doença neste país...

Isso tocava profundamente meu coração. Quando você cai, não quer apenas ler um livro cheio de regras sobre o certo e o errado nem escutar um sermão que só o rebaixa. Você precisa de gente que não o julgue, mas que fale alguma coisa que aqueça seu coração de vez em quando. Ivi é assim, na hora de dar bronca, ela dava, mas na hora de dar apoio, dava também. E só.

Um dia tivemos uma aula sobre o elemento Ar. Era uma semana especial em que os bruxos comemoravam a Lua Azul das Fadas. Tem esse nome porque é a segunda Lua Cheia dentro de um mesmo mês e só ocorre uma vez a cada dois anos e sete meses, em média.

A bruxaria usa cada fase da Lua para um tipo de magia diferente, e essa em especial serviria para atrair prosperidade e abundância em tudo. E era uma festa dedicada às fadas... Fadas?

Sim, segundo os bruxos, elas existiam e eram elementais do Ar. São seres muito belos e também muito ciumentos, então precisaríamos entender essa dualidade.

Nesse dia, fomos para um jardim que há na frente da escola. Fizemos um círculo mágico. Descalços, cada um segurava um incenso na mão, cantamos para a espiral levar todo o mal e fizemos um pedido para as fadas. Era a primeira vez que eu fazia um pedido que não era para Deus, mas fiz só para ver no que iria dar. Pedi para publicar este livro e seduzir meus leitores. Será que consegui?

Quando comecei a estudar o Tarot mais a fundo, a primeira coisa que Ivi perguntou para os alunos foi: "Por que vocês querem estudar Tarot?"

– Não sei o motivo. Apenas me deu vontade de vir.

– Todo mundo tem um motivo.

– Eu não tenho. Ouvi o programa pela rádio e me deu vontade de fazer o curso, não sei por quê.

– Todos vocês que estão aqui hoje resolveram aprender Tarot pelo mesmo motivo, pelo coração, e isso é o principal para o tarólogo. O principal vocês já têm. Agora o que precisam é estudar muito. Durante o curso, vou falar coisas que vocês não vão gostar muito de ouvir, mas eu preciso quebrar o ego de vocês, então não levem nada para o lado pessoal.

Verdade. Tudo o que haviam me ensinado estava ruindo. Se eu não adotasse a humildade como lema, não levaria esse curso adiante. Precisei aceitar que filosofias, religiões e livros são escritos por seres humanos, iguais a mim, nem superiores nem inferiores. Cada ser humano ensina de acordo com aquilo em que acredita.

A Bíblia condena os oráculos e oraculistas. Condena? Não sei. Nunca li os originais. Por que eles nunca foram expostos?

E os reis magos? Jesus os condenou? Magos! Praticantes são praticantes de magia!

Deus não condena ninguém e, que eu saiba, não escreveu livro algum.

Alguns dizem que os reis magos não eram magos, que eram sábios. Sábios era um dos nomes atribuídos aos magistas da Antiguidade, porque todo mago é um estudioso, para quem não sabe.

E as imagens que são proibidas? Mas não foi o próprio Deus quem mandou o profeta fazer um cajado de serpente para bater na rocha e conseguir água? E não foi Ele também que mandou construir a Arca da Aliança, com imagens de anjos?

Pedir somente a Deus. Mas será que Deus não trabalha em equipe? Será que realmente importa para quem estamos pedindo? Então por que Jesus precisaria dos apóstolos? Eles por acaso nunca o ajudaram em nada? Não foi Jesus quem disse que os apóstolos poderiam fazer os mesmos milagres que Ele fazia, se a fé deles fosse maior que um grão de mostarda? E você nunca pediu ajuda para um amigo? Jura?

Minha alma pedia uma decisão. Ou você ignora tudo o que está vendo e sentindo e continua pacificamente na mesma fé, ou admite que nem tudo o que aprendeu na vida é real.

O que é mais importante? O que eu sinto ou o que eu aprendi?

Quem manda em você? Sua alma ou sua mente?

Fiquei com a alma. Eu era cabalista ou eu sou cabalista? Ou será que eu sempre fui uma bruxa e não sabia?

Fiquei com minha Cabalá. Aquela que veio do coração, muito diferente do que tinha estudado em 20 anos. Bruxa ou cabalista? São apenas nomes. "Sou o que sou", bruxa e cabalista.

Continuo acreditando que existe uma fonte criadora e em minha casa não há estátuas, mas respeito a casa que tem.

Se eu pedir alguma coisa para uma deidade, ela vai me dar? Nenhum ser de luz dá nada para ninguém, então pode pedir à vontade. Deus(a) também não dá nada de graça, você tem de se esforçar para merecer. A única coisa que todos eles podem dar são boas ideias e proteção, então, tanto faz, para quem você pede. Eu sei que Deus(a) é único(a), mas também sei que não trabalha sozinho(a).

Jardim dos Elementais

Fadas, gnomos e elfos são seres criados a partir de um elemento, como o ar ou o fogo, por exemplo.

A escola toda é cheia de elementais, em alguns períodos do ano mais do que em outros e, para mim, tudo era novidade, porque nessa época eu estava começando a ver coisas que pensava que nunca existiram.

Em cada fase do ano, conforme a Lua, existe uma influência maior de cada elemento.

Antes eu sentia e via um pouco, mas depois de frequentar as aulas de Tarot minha visão interior foi aumentando. Havia vida andando aqui e ali nos jardins da escola e, o pior, eu podia ouvi-la e senti-la, e isso me deixava mais inconformada ainda.

Passei anos de minha vida ouvindo e lendo a ideia dos outros e, sem nenhuma experiência pessoal, acreditava em tudo. E o pior, achava que eles tinham razão; por consequência, eu era a dona da verdade também. Ensinaram-me que fazer isso me levaria àquilo. Que seu fosse boa, Deus faria tudo para mim. Que só havia um caminho até o paraíso. Então, quando tudo dava errado, eu caía na depressão ou ficava irritada. Esse tipo de pensamento é que faz a doença nascer. Revoltadas, as pessoas tentam se matar sem consciência disso. Outros se matam porque pensam que vão descansar, deixar de existir ou ter uma vida melhor. E não vão. Lá é a continuidade daqui.

Já tinha ouvido falar em elementais e não acreditava muito. Até suspeitava que esses seres existiam, mas ver e ouvir, isso era demais para mim.

Todo esse contato com esses seres de luz me animava. Sabia que o local era decente e limpo, que a escola era também um templo, um ser vivo e um elemental.

A escola em si tem o poder de limpar energeticamente qualquer pessoa que se conecte com ela. Fiz o teste várias vezes. Toda vez que me conecto com a escola em pensamento, ela começa a me limpar, esteja eu onde estiver e principalmente no caminho, antes de começar alguma aula. É um lugar mágico, meu laboratório de pesquisas extrafísicas.

Com um pouco de treino, você pode se conectar com qualquer templo do mundo e entrar em contato com as energias e seres que habitam nesse local.

As cartas da morte continuaram aparecendo por mais três vezes. Depois o Tarot dizia que eu estava com uma doença grave, mas não morreria.

A carta do Enforcado foi minha parceira por muito tempo, então eu precisava saber mais sobre ela. Esse Arcano traz a figura de um homem dependurado em uma árvore por um pé só. A mestra explicou que ele, na verdade, não estava enforcado, e sim dependurado. Isso significava que ele mesmo havia se colocado nessa posição e estar assim o fazia olhar para um lado apenas, por isso ele não saía de lá, mas poderia fazê-lo se assim o decidisse. Então, para mim, essa é uma das cartas mais promissoras do Tarot, já que indica alguém com muito potencial não desenvolvido, que se pôs em uma posição de inércia, mas que tem todas as condições de sair de lá quando quiser. E era o que eu estava tentando fazer.

A cada fase que mudava, uma carta do Tarot se apresentava para mim. Ou eu sonhava com ela, ou a sentia. Com o tempo, não precisava nem jogar para saber sob qual influência dos arcanos eu estava. E é assim até hoje.

Conforme minha saúde ia melhorando, a morte e a doença grave foram se esquecendo de mim; daí quem sempre aparecia no jogo era a carta do Louco e depois a do Mago. No fim do ano, começaram a aparecer O Carro e O Mundo. Para quem joga Tarot, não precisa explicar mais nada. Sim! Eu estava realmente melhorando e muito!

A carta do Louco mostrava que agora eu me sentia livre para viver a vida que minha alma havia escolhido para mim.

O Mago indicava um novo começo. O Carro dizia que agora meu poder pessoal, minha consagração perante a vida estava voltando e O Mundo me dizia que eu chegaria ao sucesso, se fizesse minha parte, claro.

Mas o principal que a vida estava me ensinando é que Deus não tem sexo, não tem religião e não se importa como a gente se vira, desde que não prejudique ninguém.

Ficava tão abismada com a capacidade que o Tarot tinha em responder precisamente a cada pergunta que continuei estudando e melhorando, e outras experiências foram acontecendo. Conforme eu ia aprendendo sobre as cartas, aprendia mais sobre mim.

Eu melhorei minha saúde aprendendo a me conhecer por meio do Tarot. Não era minha hora de morrer. Você precisa escolher um caminho para chegar a si mesmo, porque sozinho não vai conseguir. Se seu caminho não é igual ao meu, escolha outro caminho, mas faça alguma coisa. A responsabilidade por sua vida é unicamente sua. Rezar e pedir não são suficientes. Você precisa assumir e agir, para melhorar. Tem de fazer sua parte.

Antes eu só via coisas quando fazia as viagens astrais ou quando tinha um Magid, mas agora podia ver muitas dessas coisas acontecendo bem ali à minha frente.

Se um dia você tiver um Magid, tenha certeza de que já adquiriu uma parceria com os anjos.

Conversando Com os Anjos

Quando eu tinha uma folga no serviço, ficava ouvindo rádio, que é muito melhor que televisão. De manhã havia um programa sobre anjos. No término do programa, o locutor fazia uma invocação muito bonita. Apesar de não acreditar neles, eu sempre ouvia o programa, porque me fazia bem. Em uma dessas invocações, senti uma coisa diferente. O ar parecia que tinha mudado. Havia uma brisa que não estava ali antes. Comecei a bocejar e ouvi uma voz que era quase uma memória:

"Ei! Nós existimos! E estamos aqui!"

E mais uma vez eu achava que estava doida. O que era aquilo? Quem tinha dito aquele negócio? Eu estava sozinha em casa, mas alguém estava falando comigo. Como isso seria possível, se essa voz não tinha som? Será que era um anjo?

Mentalmente, perguntei:

"Você pode, por favor, me dar algum sinal?"

Meu coração disparou. Comecei a bocejar e mais uma vez um vento que não estava lá se manifestou. Uma corrente de ar entrou pela casa toda, como se estivesse varrendo tudo em uma lufada só. Havia uma alegria chegando.

Desse dia em diante, comecei a desconfiar que os anjos existiam. Depois tive certeza.

Continuei perguntando e eles começaram a responder. Primeiro se comunicavam por sinais, depois por coincidências e sonhos. A próxima fase veio com odores agradáveis que surgiam sem motivo ou brisas suaves que traziam uma alegria que não tinha motivo de ser. Mesmo assim, minha mente racional ficava me boicotando o tempo todo, até que fui adquirindo mais intimidade com eles, porque àquela altura dos acontecimentos já tinha certeza de que eles existiam e por algum motivo estavam comigo.

Quando aceitei que estavam sempre por perto, começamos uma amizade que virou uma parceria. Havia coisas que eu poderia fazer para eles e, em troca, minha comunicação aumentava cada vez mais, era um tipo de estágio. Eu recebia uma mensagem para fazer alguma coisa e, em seguida, se fizesse corretamente, ganhava alguma lição sobre o que tinha ocorrido.

Às vezes as mensagens vinham como frases, como se eu houvesse captado uma ideia que não vinha de mim. Depois, quando eu tinha alguma dúvida, aparecia alguém, sem que eu procurasse, e me dava a resposta. Depois as frases foram ficando maiores e se transformaram em conexões. Também havia ocasiões em que eles não me falavam nada e eu apenas tinha de agir, de acordo com o que já tinha aprendido.

Certa ocasião, tomei um ônibus para o trabalho que ficava perto de minha casa, aproximadamente uns 20 minutos. De repente, o ônibus para e não liga mais.

Quebrado. O motorista abriu a porta e eu desci e comecei a caminhar. Não andei mais que dois metros e o tal ônibus quebrado se consertou sozinho e passou por mim em velocidade. Percebi que só eu e outro passageiro tínhamos descido.

— Droga! Já sei que vocês estão aprontando alguma! O que é que eu vou ter de fazer, hein?

Continuei caminhando porque estava a umas quatro quadras do ponto onde teria de descer. É um lugar com trânsito difícil e os condutores não costumam respeitar muito os pedestres ali. O sinal abriu para mim, mas uma moto avançou e eu parei. Nisso uma mulher que estava próxima e distraída, olhando para trás, continuou caminhando. Foi o tempo exato de barrá-la com meu braço ou ela seria atropelada.

Com a velocidade que a moto estava, não sei se sobreviveria. Ela não parou e não viu a moto avançando. Eu a parei. Ela agradeceu e eu segui meu caminho.

Ah, então foi para isso que vocês me tiraram do ônibus! Tudo bem, ajudaram a salvar uma vida e eu dei apoio. Vejam se não se acostumam!

Esse tipo de ajuda voluntária se repete sempre quando você realmente trabalha com anjos. Você começa a fazer parte da equipe. Muitas e muitas vezes, inexplicavelmente o telefone tocava em meu ramal e a pessoa do outro lado tinha uma dúvida que só eu poderia esclarecer e ela tinha ligado errado. Outras vezes eu atendia uma pessoa que aparecia em meu caminho sem motivo e no final a pessoa falava:

— Muito obrigado por seu atendimento. Hoje, antes de vir para cá, pedi que Deus me mandasse um anjo para ajudar.

Anjos existem e ajudam sim, mas não fazem aquilo que só você pode fazer.

Com o tempo, percebi que havia mais dois outros anjos se comunicando comigo. Esse que sempre estava comigo, aqui darei o nome de Zháyn, mas esse não é o nome dele.

Um dia tivemos uma conversa. Perguntei a ele qual era seu nome.

– O nome que você quiser.

– Por que o nome que eu quiser?

– Porque os nomes que vocês conhecem não são reais. Nosso verdadeiro nome não é conhecido por vocês.

Anjos são andróginos, não têm sexo, então tanto faz chamar um anjo de Maria ou de João. Eles se apresentam com aspecto masculino porque foram criados antes do primeiro ser, que também era andrógino, bem antes de Adão. Antes da criação de Adão, tudo era masculino e andrógino.

– E aqueles nomes que aparecem nos livros? Dizem que nosso anjo pessoal é aquele do dia do aniversário.

– Vocês não têm um anjo pessoal e nossos nomes não estão em nenhum livro que vocês já tiveram acesso, mas carregam a energia dos anjos de acordo com as letras de seus nomes. Me dê um nome de acordo com seu sentimento.

– Então eu vou olhar aqui neste livro de nomes... já sei! Vou te chamar de Zháyn! (nome fictício). Aqui diz que "Zháyn" significa doce. Você é doce! É assim que eu te sinto.

Com meu olhar interior, pela primeira vez enxerguei a aparência de Zháyn. Vi um rapaz magro, jovem, com roupas comuns, olhos claros, cabelos encaracolados e curtos, sentado em uma pedra. Tinha o olhar curioso de uma criança e, quando falava, não abria a boca. Estava com calça e camisa azul-claro.

Existem dois tipos de clarividência, que é a capacidade de enxergar seres extrafísicos neste plano ou em outros. A primeira e mais comum é aquela em que você vê o ser do seu lado, como uma pessoa encarnada. Esse tipo é que assusta as pessoas.

No segundo tipo, você enxerga a entidade em outro plano, como se fosse uma memória de algo que você já tivesse visto antes. Você vê dentro de sua cabeça, exemplificando de um modo bem rudimentar, então não sente medo e não lhe atrapalha em nada. Normalmente é assim que vejo as coisas. Os cabalistas chamam isso de visão profética e eu a chamo de visão interior.

Muito tempo depois, resolvi abrir aquele livro novamente para ver a grafia correta do nome que havia escolhido para o anjo. Após folhear diversas vezes, de trás para a frente e de frente para trás, percebi que não havia aquela palavra no livro.

Pesquisei na internet e não havia nenhuma menção daquele nome em lugar algum, nem havia o significado que tinha lido.

Entendi que ele mesmo havia escolhido seu nome, de acordo com o que eu sentia a seu respeito. Apenas quando você tem uma relação íntima com um deles é que lhe dão o nome. Quando você tem o nome de um anjo, pode invocá-lo e não mais esperar que ele apareça. Se eu desse esse nome para vocês, muita gente usaria de modo desrespeitoso pedindo coisas absurdas, por isso aqui vou chamá-lo apenas de Zháyn, porque Z é a inicial do nome dele. Se um dia um anjo lhe der o nome, só repasse essa informação para alguém em que você confie muito. Uma vez invocado, a pessoa terá todas as informações a seu respeito e poderá usá-las a seu favor ou contra você, desde que a pessoa saiba mesmo como fazê-lo. Até hoje ainda não conheci ninguém que soubesse o modo correto de invocar um anjo, então eles aparecem quando querem ou quando são atraídos, mas invocar é outro assunto.

Só a mestra conhece todos os nomes de meus três anjos. É interessante repassar esse nome para alguém, porque se você um dia estiver em perigo, essa pessoa poderá ajudá-lo por intermédio desse nome.

Com o passar do tempo e com as tarefas que eu executava a pedido dos anjos, comecei a ganhar mais crédito com eles. Quanto mais credibilidade você adquire, mais anjos se aproximam de você, mas para ter um deles por perto é preciso tempo, trabalho e merecimento.

Zháyn trabalha diretamente com o arcanjo Raziel e é meu anjo tutor. Todo aluno que tem um anjo tutor está ligado a alguma escola extrafísica; no meu caso atualmente estou ligada a um centro cabalístico de estudos e a um coven de bruxas do plano astral.

Os grandes professores escolhem os alunos a dedo e não é fácil entrar e permanecer vinculado a uma escola dessas. Todas aquelas escolas iniciáticas da Antiguidade ainda existem, só que agora estão no plano astral.

É possível entrar em contato com elas, mesmo não sendo aluno. Se você conseguir se projetar conscientemente, essas escolas permitem que você estude em suas bibliotecas e deixam-no conhecer as instalações até certo nível, fora disso só os alunos matriculados.

Sem se projetar, dá apenas para sentir a energia do local.

Qualquer grande besteira que fizer cancela sua matrícula, então você fica vigiado 24 horas por dia. Não é que existe alguém tomando conta de você o tempo todo, a questão é que como você está vinculado a uma escola, eles ficam sabendo de todas as coisas importantes que você faz, pela energia que você emite.

Grande besteira é toda ação que pode prejudicar você ou outra pessoa. Se você errar sem maldade, eles lhe dão um sinal, mas, do contrário, você é momentaneamente afastado ou pode até ser expulso e nunca mais voltar.

E esqueça o livre-arbítrio que é divulgado por aí, porque se você for escolhido como aluno, vai fazer o que for mandado, com pouca chance de escolher se quer fazer ou não. Quem manda no aluno é o professor e não o contrário; então, toda escola iniciática funciona assim, o mestre decide e o aluno acata. Quem não concorda nem fica entre os escolhidos. Você pode estar vinculado a uma escola iniciática e nem saber disso. Acontece.

E no Tarot não é diferente. Se você não cooperar, os arcanos nunca serão perfeitamente compreendidos; então disciplina é tudo para quem quer aprender.

Todo bom professor tem um anjo tutor. Não importa a matéria que ele ensine.

Matemática ou magia, ele sempre terá um anjo de seu lado o auxiliando nas aulas. Em minha escola de magia natural, por exemplo, todos os professores e a maioria dos funcionários foram adotados por um anjo.

Adotada por um Anjo

Segundo alguns sábios cabalistas, anjos são a materialização das vontades de Deus. São criados a partir de cada sopro que sai da boca de Deus, que não é homem, nem mulher, nem Jesus.

Quando Deus quer alguma coisa, realiza essa necessidade pela criação de um anjo.

E Deus fala o tempo todo. Por isso a função primordial dos anjos é a comunicação e a defesa dos seres humanos e dos lugares secretos ou sagrados.

Quando eles me ensinam algum conceito, a lição não vem assim como uma frase. A coisa toda funciona como uma história que vai se desenvolvendo até que se consiga entendê-la por completo, sem que ninguém precise dizer uma só palavra.

São fragmentos que surgem aqui e ali, que vão se juntando, até que toda a ideia esteja desenvolvida corretamente. Tudo o que sei sobre anjos aprendi diretamente com eles, então não procure nenhum paralelo em outros livros ou conceitos, porque não vai encontrar.

Essa hierarquia angelical que conhecemos é humana, diferente da verdadeira hierarquia divina. Os nomes dos anjos que conhecemos também são humanos. Até hoje não vi um só livro citar a fonte desses nomes. É um autor copiando do outro, mas ninguém sabe de onde surgiram esses nomes todos, cada uma associado a um dia do ano. Existem centenas de anjos cujos nomes nunca ouvimos e podem estar conectados conosco. Essas tabelas com nomes de anjos baseadas nas datas dos nascimentos não são absolutas. Anjos não são homens nem mulheres, e por serem seres intimamente ligados a Deus, possuem tanto a energia masculina quanto feminina. Normalmente se apresentam conforme a intimidade que você vai adquirindo com eles. Como a maioria das pessoas pensa que anjos são homens ou crianças, costumam se apresentar como homens para os adultos e como crianças, para as crianças. Se você tiver a sorte de ser adotado por um deles, vai entender o que estou falando.

Como assim, "adotado"?

Zháyn me ensinou que os anjos moram em outra dimensão e apenas transitam por aqui. Eles vêm e vão quando precisam e querem, portanto não existe isso de "ancorar" um anjo. Anjo não é navio!

Os anjos é que escolhem a pessoa, quando são atraídos por ela. Vela e um copinho com água só atraem mosquito. São suas boas ações, sua vontade de melhorar na vida, sua vontade de estudar muito e seu respeito pelos elementos é que podem atrair um anjo para você.

Fumantes têm mais dificuldade para se comunicar com eles, porque poluem seu principal elemento que é o ar.

Momentaneamente você pode até conseguir atrair um, mas em seguida ele vai embora, porque não tem motivos de continuar com você. Você pode atrair vários anjos durante sua vida, até o anjo da guarda, que você não tem... eu disse que você não tem nenhum anjo da guarda!

Como assim, não tem anjo da guarda? É... Não tem.

Se nós somos deuses, por que precisaríamos da proteção de um anjo, 24 horas por dia conosco? Os anjos têm mais o que fazer!

Apenas quando você tem merecimento é que aciona a proteção de um anjo, mas não necessariamente ele está ligado a você. Ele vem, o ajuda e vai embora.

Você não tem nenhum anjo da guarda, sinto muito. Se quiser proteção, ou se protege por si mesmo ou anda de acordo com as leis divinas.

De verdade, existe sim um ser que o protege 24 horas por dia e seu nome é alma ou eu superior, como a maioria conhece. Falaremos disso em outro livro.

Se um anjo gostar de você, ele o adota para sempre, por várias encarnações.

Para chamar um anjo de "seu", ou ele o adota ou Deus o dá a você um de presente para alguma finalidade.

Fui adotada por dois anjos e ganhei o direito de ter a proteção de um terceiro, para cuidar de minhas finanças.

Anjos conversam entre si. Raramente um anjo desiste de um adotado, mas pode acontecer. O que afasta um anjo de uma pessoa é tristeza, maldade, depressão e doença; ao contrário do que a maioria imagina, anjos não gostam de pessoas deprimidas e de baixo astral.

Os anjos guerreiros não têm emoção, apenas razão e sentimento puro, então têm permissão divina para julgar. Alguns guerreiros também são mestres, como no caso do arcanjo Raziel. Raziel usa a magia para defender as pessoas do mal, então também é considerado um anjo guerreiro.

Não existem anjos caídos. Um anjo pode formatar a aparência que quiser e, às vezes, para assustar um obsessor, toma a aparência de um demônio, mas ainda assim são do bem. Eles nunca se revoltaram com Deus, que bobagem! Se foram criados pelo próprio Deus, são perfeitos. São como nossas almas, nunca erram. Eles não são caídos, mas alguns precisam tomar conta de locais muito densos, lá no fundo da crosta.

Um ser 100% racional muitas vezes é compreendido como um agente do mal, mas não é. Em Cabalá, o mal não é associado a Satã. Mal é a ausência de luz, e Satã é um código que significa ego. Deus(a) é Luz e sua ausência é treva. Todos nós temos essa dualidade, sem exceção. Anjo não. Anjos têm razão e sentimento, nunca emoção, por isso não se revoltam.

Arcanjo Raziel

Entrei em uma livraria e vi um pequeno livro de capa verde que chamou demais minha atenção. O título da obra era *O livro de Raziel*. Nunca soube quem era esse autor, mas como alguma coisa me ligava intensamente com esse livro, resolvi comprar. Eu olhava para ele e bocejava sem parar. Pensei comigo: "Preciso ler este livro!".

Pedi à balconista um exemplar pequeno, de bolso, sabe-se lá por quê. Ela me deu o livrinho e fui para casa, ansiosa para dar uma lida.

Quando cheguei em casa, foi que reparei. O livrinho era vermelho e não tinha uma só palavra em português, estava tudo escrito em hebraico.

Procurei outras versões desse livro na internet. Nenhuma versão em português e nenhuma de capa verde.

Só sei que eu havia lido na capa da obra *O Livro de Raziel*. Eu havia pedido exatamente o livro por esse nome e foi este que a balconista havia me dado.

Pesquisei e vi que realmente meu livrinho era um exemplar do livro de Raziel, só que sem versão em português aqui no Brasil. Raziel é o anjo que ensinou Adão a dar os nomes das coisas no paraíso. Ele é considerado o pai de toda magia. E eu nunca tinha ouvido falar nele.

Encontrei uma versão muito antiga desse livro em inglês e outra versão apócrifa pela internet.

Raziel ensina vários segredos nesse livro, pena que as pessoas comuns não conseguem entender nada, mas o melhor ainda estava por vir. Muito antes de comprar minha miniversão do livro de Raziel, eu tinha um exemplar do Livro da Criação que, junto com o Zohar, formam o tripé dos livros de magia cabalista.

Quase toda magia cabalista é retirada desses três livros juntamente com a Torah e com *O Livro dos Anjos*, que é raríssimo.

Esse Livro da Criação sempre foi uma pedra em meu caminho. Além de ser extenso, é complicadíssimo de se entender. Quando eu tentava folheá-lo me dava uma sensação de medo, de descobrir alguma coisa que eu não poderia entender, ou que poderia me prejudicar. Cheguei a ponto de ter medo de abrir esse livro. Tentei ler alguma coisa, mas não havia jeito. Ou eu não entendia ou me dava medo de ler.

Fiquei 12 anos com um livro nas mãos que eu não conseguia ler. Não é piada.

O Livro de Raziel é impossível de ler, mas é tão poderoso que você consegue sentir a energia imponente que sai dele. Esse eu ainda conseguia pelo menos folhear.

Guardei-o na gaveta e deixei essa história de lado. Um dia me deu um "estalo" e resolvi ler novamente toda a Gênesis para entender como é que começou o mundo. Toda vez que lia um versículo, vinha à minha cabeça o real significado daquilo.

Comecei a entender que a Gênesis e todo o Primeiro Testamento, que alguns chamam de Velho, contêm lições de magia. Achei aquilo muito curioso. Como é que antes eu já havia lido tudo aquilo e não tinha entendido nada?

Zháyn não estava por perto, e normalmente é ele quem me ensina essas coisas, então quem estaria me ensinando tudo aquilo?

Ainda sem entender nada, resolvi tentar folhear pela milésima vez o Livro da Criação... e consegui!

Já não tinha mais medo e consegui ler e entender tudo. Comecei a juntar as peças. Era Raziel quem estava me passando aquilo. Entendi que ele estava fazendo contato pela primeira vez.

Esse livro é praticamente um ser vivo e ele é quem decide quem pode folheá-lo, que dirá ler e entender. O livro não me mordia mais.

Entendi o recado de Raziel. Agora eu tinha autorização para ler, entender e estudar.

Com o tempo, comecei a receber algumas frases de Raziel e depois ganhei o dom de entender o conhecimento velado da magia de Raziel, que se tornou meu Mestre de Magia e é com ele que eu aprendo as coisas complicadas dos mundos espirituais.

Zháyn, que também é um arcanjo, trabalha com Raziel e é meu tutor de magia, mas eu só soube disso muito mais tarde.

Zháyn me ensina a magia oculta do mundo material. A partir do momento em que tive acesso a essas magias, aprendi outros princípios e são eles que agora norteiam minha Cabalá pessoal. Hoje não sigo mais a Cabalá clássica, e sim a que Raziel me ensina. A Cabalá clássica não tem nada de errado, mas principalmente na parte referente à magia, quase tudo se perdeu e ela não é mais ensinada fora do círculo religioso de Israel, principalmente para mulheres.

Nada do que li até hoje sobre magia cabalista está mesmo ligada a ela. A maioria dos livros sobre esse assunto não foi escrita por cabalistas, então quase tudo que se lê não corresponde à realidade.

Magia é a capacidade de manipular energias que podem modificar coisas, locais e pessoas.

Um exemplo perfeito de magia foi quando Jesus transformou água em vinho.

Raziel quase nunca vem para esse mundo e suas emanações vêm de muito longe. Quem sempre está comigo é Zháyn. Muito diferente de Raziel, Zháyn é alegre e amoroso. Raziel é sério, não gosta muito de brincadeiras, mas tem seu lado amoroso também.

Fora os arcanjos, praticamente todos os outros anjos trabalham com comunicação. Não existe anjo do amor ou anjo da prosperidade, porque todos os assuntos são abordados por todos os anjos.

Zháyn diz que é melhor você tentar se comunicar com os anjos de seu nome do que com os anjos famosos. Se você se identifica com algum anjo famoso e fica só recorrendo a ele, de fato nunca conseguirá uma comunicação com um anjo pessoal, mesmo que seja adotado por um.

Cada letra de seu nome está ligada a um anjo e, para conhecê-los, é preciso fazer um estudo minucioso. Zháyn me deu esse estudo de presente em um dia em que passei por uma prova difícil, quando fui caluniada, acusada de fazer uma coisa que não fiz. Mesmo acuada consegui manter minha proteção, ninguém conseguiu me invadir energeticamente e a infâmia morreu no mesmo dia.

Quando comecei a estudar Tarot, Zháyn me deu de presente a relação entre as letras hebraicas e as cartas dos arcanos maiores e também me ensinou a jogar baralho cigano ou Tarot usando o poder das letras.

A energia dos anjos comunicadores é consoladora e sempre traz novidades.

Já a energia dos guerreiros é poderosa e intimidadora. Se você cruzar de verdade com um anjo guerreiro, provavelmente vai correr de pavor, porque a impressão imediata que você tem é de total insignificância perante o poder deles.

Quando um ser humano agride uma lei divina, Deus permite que os arcanjos o corrijam e pobre de quem cair na unha de um arcanjo.

Os guerreiros são poderosíssimos e protegem os portões dos locais mais densos do umbral, para que os espíritos dessas regiões não invadam os outros mundos. Eles também protegem todos os grandes avatares que já estiveram por aqui. São líderes de grandes legiões de anjos guerreiros menores e são esses que vêm protegê-lo, quando você invoca a proteção deles. Os arcanjos guerreiros que são líderes, como Gabriel, Rafael e Uriel, emanam energia de muito longe e raramente vêm para nosso planeta; já os outros estão sempre por aqui. Só pela magia você pode conseguir uma conexão segura com um anjo, esqueça as velas e orações; e mesmo assim nenhum ser humano possui a capacidade de prender um anjo nesse mundo, ao contrário, eles, sim, têm a opção de escolher ficar conosco, quando e por quanto tempo quiserem.

Os anjos tutores escolhem alunos com uma função específica: ajudar a melhorar este mundo. Eles nos escolhem, nós não os escolhemos. Zháyn e Raziel estão comigo desde muitas vidas antes dessa. É assim com todo espírito de Luz.

Esqueça as tabelinhas com os nomes dos avatares. Isso não tem nada a ver com a data de seu nascimento ou com o raio deles, mas tem a ver com seu jeito, sua profissão e sua fé. É a partir disso que eles escolhem seus alunos. Eles não são mentores. Jamais tentam influenciar a mente das pessoas, pelo contrário, só se interessam por quem chegou no mesmo caminho que eles trilharam.

Não pense que eu sou melhor do que você por causa dos anjos. Se fosse, não teria quase morrido com sangramento no estômago. Sim, eu tenho raiva, como carne, xingo, corro, pulo e, às vezes, solto um palavrão. Sou humana, assim como você. Talvez a única diferença entre nós esteja na sensibilidade, mas isso pode ser aumentado com treino.

A Magia de Raziel

Todos os verdadeiros livros de magia divina são da autoria de Raziel. Ele detém todo o conhecimento do livro da Árvore da Vida e do Livro do Conhecimento do Bem e do Mal, que nossa mãe Eva leu antes de sair do paraíso.

Ele foi o único arcanjo a escrever um livro de magia, o famoso *Livro de Raziel*, que é um verdadeiro curso de magia. Só os discípulos de Raziel têm acesso ao conhecimento dessa obra e ao conhecimento oculto dos outros livros de magia cabalista.

A escrita de Raziel é toda cifrada. Quem lê fica assustado e pensa que é um livro de magia negra. Isso é feito de propósito, para espantar os curiosos e malfeitores.

A magia de Raziel ensina sobre a formação dos mundos, formação da matéria e principalmente sobre as partes mágica e meditativa da Cabalá. Com ele, aprendi a acionar os portais superiores para canalizar o poder das letras sagradas e fazer contato com os elementos.

A Bíblia está cheia de exemplos do bom e do mau uso da magia. Até Moisés travou uma batalha mágica com os sacerdotes egípcios e tudo o que se chamou de milagre pode também ser chamado de magia.

A magia que a Bíblia proíbe é aquela que desarticula a matéria em prol de uma necessidade egoísta para ser prejudicial a alguém. Aqui em nosso mundo comum, magia negra recebe o singelo nome de politicagem.

Jesus fazia magia o tempo todo, só que os crentes a chamam de milagres.

Ele transformou água em vinho, multiplicou os peixes e curou os doentes. Note que, em praticamente todos os milagres, Jesus transformava a matéria, de uma coisa para outra. Quando Ele não usava nada material, usava o poder da palavra, que também é magia.

Era o próprio Jesus quem fazia as transformações; Ele não pedia que Deus as fizesse, então não era milagre, era magia.

Milagre é a transformação de uma situação, pessoa ou matéria sem nenhuma ação de um ser humano, ou seja, você apenas pede que algo aconteça, mas não faz nada para que isso possa ocorrer.

Olho gordo, inveja, maledicência e malícia são bons exemplos de baixa magia e, caso você não saiba, todo ser humano pratica magia, consciente ou inconscientemente, tanto para o bem quanto para o mal, porque ninguém é totalmente bom ou totalmente ruim.

Depois que fui adotada por Zháyn, por merecimento divino ganhei a proteção de outro anjo, que chamarei aqui de Malach. Malach só aparece quando alguém tenta trapacear nas finanças. Ele nunca se comunica comigo.

As pessoas querem muito conhecer o que existe do outro lado, mas nem sequer imaginam que existem várias coisas aqui que elas desconhecem. São essas coisas daqui que Zháyn me ensina.

O mais interessante de tudo o que aprendi é que as pessoas e a vida se revelam nos detalhes. Não importa a experiência que você tenha, é o que sai dela que importa. A espiritualidade vai sendo revelada no caminho, não na saída e não na chegada.

Existem certos conceitos muitos errados que são repetidos exaustivamente na cabeça das pessoas, que acabam se tornando reais, até que você os confronte.

Acreditar que Deus dá tudo o que Seus filhos pedem é o maior deles. Os muçulmanos dizem que Deus não tem filhos e eu concordo com eles. Nós somos criaturas, não filhos. Não nascemos, por assim dizer, não fomos gerados, fomos criados para sermos como Ele. Este planeta é como uma escola, ou você aprende e ganha ou você erra e perde.

Essa fonte criadora nunca foi humana ou encarnada e não se atrela a religião alguma. Afina-se com as criaturas d'Ele, do jeito que elas são, sem manipulação e sem maquiagem, no bem e no mal.

E se tudo o que existe no Universo é criação d'Ele(a), então quem criou o Demônio?

Será que os demônios também são divinos? Agora assustei você?

Não. Os demônios são criações vindas da mente humana, mas como nós também somos divinos, temos permissão para criar algumas coisas e alguns seres.

Toda entidade que hoje você identifica como demônio, um dia já foi um ser humano. Eles nunca foram anjos ou elementais. Os tais anjos caídos nunca caíram realmente. Ganharam esse nome por causa dos lugares de baixa frequência que costumam frequentar para proteger os mundos e os seres humanos. Nenhum anjo se revoltou contra Deus. Revolta vem da emoção e anjo tem apenas sentimento.

Emoção é toda energia que vem do estômago para baixo e sentimento é toda energia que vem do estômago para cima.

Os anjos não têm emoção, só sentimento, por isso jamais se revoltariam conosco, que dirá com Deus.

Nada do que você faz fica escondido e nada escapa aos anjos. Todas as suas boas e más intenções são percebidas por eles.

Muitas vezes, quando você tem uma atitude próspera, como usar sabiamente seu dinheiro ou quando tem a intenção verdadeira de que, se pudesse, ajudaria alguém muito necessitado, os anjos lhe dão um sinal de que ouviram suas intenções.

Intenção é igual a oração. Se você não fizer por onde, não vai acontecer.

Os anjos conseguem ouvir tudo o que você pensa e diz. Muitas vezes eles multiplicam o dinheiro em sua carteira ou aumentam a quantidade de comida em sua casa. Quando você pensa que já gastou um quilo de alimento, o pote continua cheio e, quando você pensa que já usou sua última moeda, ela ainda está no mesmo lugar.

Você já teve uma experiência assim? Eu já. Ambas.

Quando você tem uma atitude carinhosa com alguém, os anjos lhe devolvem o carinho através do sorriso de uma criança ou em um gesto de seu animal de estimação.

Naquele dia um bebê lhe dá um sorriso todo especial ou seu animal de estimação está cheio de felicidade quando você chega em casa.

Os anjos gostam de olhar para as pessoas pelos olhos dos bichos, então hoje à noite preste mais atenção aos olhares de seu bichinho.

Eles têm especial carinho pelas pessoas que rezam pelos outros. Toda vez que você rezar ou orar por alguém com boa intenção e amor, ganha crédito com os anjos e eles rezam com você. São os anjos que levam suas orações para Deus e podem, sim, apresentá-las da melhor maneira, para que Deus o ajude mais depressa.

Se hoje alguém me perguntar por que comecei a estudar Tarot, posso afirmar que foi porque um anjo soprou essa ideia em meus ouvidos. Foram eles que me mandaram para essa escola, para esse curso e para essa mestra.

E depois de estudar muito, chegou o dia de consagração do Tarot e dos tarólogos.

O Dia da Consagração

A mestra sempre diz que "o Tarot não é místico, é mágico, porque você não usa misticismo nenhum para jogá-lo". Há tarólogo que até acha desnecessário fazer a consagração. Eu não acho. Para mim a consagração tem o mesmo significado de um casamento. Depois da consagração, Tarot e tarólogo são a mesma carne e o mesmo sangue, na alegria e na tristeza. E olhem que nunca vi um tarólogo de verdade se divorciar de seu Tarot.

Durante dois dias inteiros, estudamos os arcanos menores e, no fim do segundo dia, faríamos a Consagração, à noite. Tínhamos praticado o jogo inteiro por cinco meses. Não pense que dá para aprender apenas em um fim de semana.

Antes da cerimônia, a mestra realizou uma limpeza espiritual em cada um de nós e, no término, haveria a Consagração e poderíamos fazer um pedido. Nada nos foi dito com antecedência e na hora eu tinha tanta coisa para pedir que resolvi simplificar e pedir apenas para ser uma boa taróloga. Meu jeito de pensar estava mudando e, graças ao curso, eu já tinha conseguido entender por que minha vida estava tão estagnada. Também percebi que dava para sair dessa paralisia e tentar ser feliz.

Nesse dia, os alunos também foram consagrados como tarólogos. Logo no começo da aula houve uma situação curiosa. Havia ocorrido algum problema na secretaria da escola e estavam com dúvida sobre quem havia pagado o curso, porque estava faltando um comprovante. A mestra nos questionou sobre o assunto e pediu que ninguém mentisse, porque ela "não estava sozinha nesse dia".

Eu não entendi direito o que ela quis dizer com aquilo. Refizeram as contas, corrigiram o que precisava ser corrigido e a aula continuou.

No fim da tarde, começou a cerimônia. A mestra estava especialmente paramentada nesse dia e apareceram mais três bruxas para ajudar. Fizemos uma formação em U e ninguém mais poderia entrar ou sair da sala. Havia muito incenso aceso, mas inexplicavelmente minha rinite não deu o ar da graça naquele dia. Havia um CD tocando uma música em inglês que; se me lembro bem, falava sobre a Lua. Era uma canção cantada só por mulheres.

O clima começou a mudar, conforme as coisas iam acontecendo.

Quando começou a cerimônia, tive uma visão interna e vi uma senhora. Era nórdica e estava com a mestra. Era uma mulher de idade não definida, não muito nova e não muito velha e de estatura baixa. Não posso dizer que era de meia-idade, porque ela parecia jovem e velha ao mesmo tempo, mas muito sorridente, com um sorriso de mãe. O que me marcou era que ela tinha dois detalhes na cabeça que chamaram minha atenção. Tinha uma espécie de chapéu que era formado por apenas duas tiras de couro, entrelaçadas em cruz, e também tinha longas tranças loiras.

A mestra também tinha uma tira na testa com um pentagrama, que é um símbolo de magia, mas era diferente da que a senhora usava. Esse chapéu deveria ser apenas um adorno, porque não servia para cobrir a cabeça e não continha nenhum símbolo nele. Ela usava um vestido antigo, com um peitoral de couro ou algo parecido. Essa entidade sorriu para mim, então fui pega de surpresa e não pude ver os detalhes, porque não estava esperando ver nada daquilo. As duas estavam em sintonia, fazendo as mesmas coisas. Vi isso em uma fração de segundos e depois ela desapareceu. Fiquei curiosa.

A Aparição da Mulher Nórdica

Eu não sabia nada de Wicca ou bruxaria, mas pensava que todas as bruxas eram de Salem e com certeza aquela senhora sorridente, com aquelas roupas, não era de lá.

Essa mulher tinha um formato de rosto diferente. Dava para perceber que não era das Américas.

Essa visão foi rápida, mas vi que essa senhora sabia que eu tinha conseguido enxergá-la, porque sorriu para mim. Deu para perceber que, com certeza, ela era nórdica.

Fiquei com aquilo na cabeça, sem entender nada. O que seria tudo aquilo?

Qual o significado? E quem era aquela mulher? Nunca contei isso para ninguém, pois quem acreditaria? Não estava acostumada a ver tanta coisa em tão pouco tempo e se até para mim era difícil de acreditar, que dirá para os outros.

Não contei para a mestra o que eu havia visto. Não saberia como contar e também não queria que ninguém soubesse que eu não era tão leiga assim. Falei para os anjos que não iria contar nada sobre mim para ninguém. Em outras ocasiões, falar quem eu era e o que via e sentia já havia me causado muitos problemas, então eu preferia camuflar.

Eu disse: "Vocês que se virem para mostrar minha espiritualidade, porque, se depender de mim, eu entro muda e saio calada desse lugar". E demorou muito para eu soltar alguma coisa. Só fiz isso quando tive certeza absoluta da idoneidade da escola, o que não demorou para acontecer.

O ritual de consagração do Tarot tinha várias etapas. Nós estávamos em um semicírculo e a mestra fez uma invocação para os quatro elementos. Nesse dia ela usou um punhal chamado de Athame. Depois da invocação, as outras três mulheres, que também eram bruxas, passavam por cada um de nós com um elemento nas mãos, água, fogo, terra e ar, consagrando cada aluno. Passavam e falavam alguma coisa no ouvido de cada um. Mas, antes de elas passarem, a mestra colocou velas de várias cores em um cesto e pediu que cada aluno de olhos fechados pegasse uma vela. Só sei que no final sobraram apenas três velas brancas e uma delas fui eu quem pegou. Se dependesse de mim, tinha pegado a vela cor de abóbora, mas de olhos fechados peguei a branca. A mestra não explicou, mas notei que pegar a vela branca tinha algo de diferente. Uma das moças acendeu uma vela de um aluno e esse aluno, com sua vela, acendia a vela do próximo aluno a seu lado, mas quando a vela era branca, os alunos não podiam repassar o fogo. Nesse caso, a própria moça que representava o elemento fogo é que acendia.

Gelei! Meu coração disparou. Não queria que ninguém soubesse que eu era cabalista ou que sabia alguma coisa. Fiquei pensando que tinha sido descoberta e isso era tudo o que eu não queria. Não queria falar nada sobre o que estava acontecendo, e não falaria nem sob tortura, até que chegasse o momento em que eu me sentisse confiante para falar alguma coisa.

As outras duas alunas eram de minha turma de Tarot e já tinham falado que eram esotéricas, mas eu entrava muda e saía calada das aulas. A mestra começou a explicar o significado de cada cor e, quando chegou a vez da vela branca, foi bastante sucinta. Disse apenas que era a junção de todas as cores. Ufa! Aparentemente eu estava salva.

A cerimônia terminou, muito bonita. Ser uma aluna invisível me deixava muito mais à vontade. E eu continuava falando para os anjos:

– Eu não vou contar nada do que eu vejo para ninguém. Vocês que se virem para contar! Não é problema meu!

Mais tarde eles se viraram, e cá estou eu escrevendo este livro. Mas muito antes percebi que é muito difícil esconder quem você é. Pensamos que estamos invisíveis, mas não estamos. Fim da Consagração e fui para casa.

Quando cheguei em casa, fui tentar comer alguma coisa. Alimentar-me não era das tarefas mais fáceis, porque quase tudo me fazia mal, principalmente massa.

Não sei por qual motivo resolvi tentar comer um pedacinho de pão, que eu já não comia havia meses... e consegui!

Foi a primeira vez que consegui comer um pedaço de pão sem passar mal.

Comi mais um pouco e de novo. O estômago não deu nenhum sinal de revolta. Ainda consegui comer mais alguma coisa e não me senti mal.

Desse dia em diante, a acidez do estômago diminui muito e comecei a me alimentar melhor.

Mágica?

No dia seguinte, provei um pedaço de pão de novo e novamente não me senti mal. Comecei a comer melhor, aos poucos, e como eu sempre gostei de cozinhar, adorava fazer pães, então criei um pão para comemorar e o chamei de o Pão da Felicidade. Era um pão que levava damasco para representar o ouro, passas para representar prosperidade e cerejas para representar o amor.

Até hoje eu faço esse pão toda vez que alguma coisa muito boa me acontece. Desse modo criei um ciclo de prosperidade para mim e para todos aqueles que estavam me ajudando a melhorar.

Isso foi em um domingo e, na segunda-feira, eu tinha uma consulta médica para pegar um atestado para a academia.

Museu das Bruxas na Noruega

No consultório médico, encontrei uma revista tradicional de Arquitetura, o que já era bem esquisito de se encontrar por lá. Quando vou nesse consultório raramente vejo as revistas, mas nesse dia eu vi. Lá havia uma reportagem sobre o arquiteto Peter Zumthor e a artista plástica Louise Bourgeois, que criaram o The Steilneset Memorial para honrar as vítimas da Inquisição durante o século XVII. O memorial é uma homenagem às bruxas da Noruega que morreram na inquisição.

Coincidência?

Mais uma vez não conseguia acreditar no que via. Então realmente nem todas as bruxas eram de Salem. Existiam bruxas nórdicas! Será que a mulher que vi era uma bruxa? Mas por que será que aquela mulher, que talvez fosse uma bruxa, resolveu entrar em contato comigo? O que ela queria? No mínimo se divertir com minha cara assustada ou mostrar que ela era real. Lembrei que no começo da aula a mestra havia dito que não estava sozinha naquele dia. Será que ela conhecia aquela senhora?

Na escola esotérica todos os professores são bruxos, mas o que é um bruxo mesmo?

Em primeiro lugar, Bruxa (com B maiúsculo, olhe o respeito) era o nome que se dava para qualquer mulher na Idade Antiga e Média que não se submetia à Igreja Católica, que não queria ser subjugada por um homem qualquer, que era invejada por uma vizinha, que conhecia a cura pelas ervas e que se dava muito bem com Deus de verdade. As outras, comuns, eram com b minúsculo mesmo.

Elas eram tudo, menos bruxas. Toda mulher nessas condições era chamada de Bruxa. Bruxos homens eram raros e normalmente bruxo era só o marido da Bruxa.

Qualquer pessoa que tivesse alguma coisa do interesse dos poderosos e do clero também poderia ser denunciado como bruxo, porque depois que alguém denunciava, ele ia para a tortura, depois para a forca ou para a fogueira e depois, claro, perdia todas as suas posses para o clero, o governo ou para algum poderoso amigo do rei. Meu professor de magia natural Luiz Netto diz que as bruxas verdadeiras eram espertas e nunca foram pegas. Essas que morreram eram "inocentes".

O grande problema dessa história é que além de ser torturada e morta, a Bruxa era considerada uma fiel seguidora de Satã.

Mas, claro, os religiosos mais justos, decentes e tementes a Deus resolveram dar uma chance para as pessoas acusadas de bruxaria. Havia uma prática que poderia provar se a pessoa era realmente bruxo ou não.

Primeiro eles torturavam o acusado das mais incríveis maneiras, depois o jogavam em um porão imundo, quase sem água ou comida, infestado de ratos, baratas, pessoas doentes e todos os dejetos que você puder imaginar. Passado um tempo que poderia ser longo ou curto, o acusado era atirado em um rio. Se ele afundasse, era inocente e morria; mas se ele boiasse, era um bruxo e, portanto, precisaria ser morto.

Gostaram? A bondade cristã dos clérigos e de seus santos padres era notória nessa época.

Resolvi pesquisar na internet sobre aquela senhora, mas como eu poderia pesquisar um rosto? Foi o que eu vi, um corpo da cintura para cima. A senhora não havia me dado um nome.

Como se pesquisa uma bruxa pelo rosto? Não existe essa forma de pesquisa.

Então resolvi tentar de outra forma. Escrevi Wicca + tranças. Mais um espanto: todas as respostas eram sobre deusas e não sobre bruxas. Será que aquela mulher era uma deusa? Mais uma vez eu estava desmoronando diante da verdade. Sempre me disseram que deusas e deuses nunca existiram, que eram apenas invenções criadas pelos homens para provocar a fúria do Deus único pela idolatria.

Depois de muito tempo encontrei alguma coisa sobre as deusas Wiccas e lá havia uma delas, que tinha aqueles mesmos dois detalhes no cabelo, com os quais eu pude identificá-la. Encontrei essa informação em apenas um *site*. Havia uma figura desenhada dessa deusa, mas estava mais para uma guerreira do que para uma mãe, mas pelas características parecia que eram a mesma pessoa. Ainda encontrei outra figura, que achei que era uma versão mais real da que eu havia visto. As duas são muito parecidas. De um modo geral, as deusas Wicca eram representadas conforme a vontade do desenhista, então você poderia encontrar a mesma figura em diferentes versões, mas, sim, havia uma deusa de tranças e um adorno no cabelo, igual ao que eu tinha visto.

A partir desse dia comecei a entender que Deus é um sim, mas que não trabalha sozinho e que não existe apenas um único caminho para se chegar até Ele. A deusa de tranças se chamava Freia, em nórdico antigo se dizia Freya ou Freyja. Ela é considerada a deusa da sensualidade, da fertilidade, do amor, da atração e também é a deusa da magia, da adivinhação e da riqueza. A lenda diz que suas lágrimas são transformadas em ouro e que, como líder das Valquírias, Freyja ajuda a conduzir as almas do mortos. Os textos dizem que ela é uma mulher atraente, de olhos claros, baixa estatura e traz consigo um colar mágico com o emblema da deusa da terra.

Ela se apresenta com características diferentes, conforme a situação.

A mestra disse no começo do curso que precisaria quebrar nosso ego para sermos bons tarólogos, então, se antes o meu estava rachado, quebrou bem nesse dia.

Comecei a sentir que a mensagem divina é para que procuremos nos outros aquilo que temos em comum e não o que nos faz diferentes. Cada um com sua fé, mas todos trabalhando em equipe.

Seres de luz estão espalhados em todos os cantos da terra e em todas as religiões. É absurdo acreditar que um dia todos terão apenas uma religião. Os crentes acreditam que, quando morrerem, Jesus vai estar esperando por eles no paraíso e que lá todos são crentes. Os espíritas acreditam que do outro lado da vida todos são espíritas. Não é isso que encontro em minhas viagens astrais. Nas cidades astrais também existem igrejas e religiões diversas e ninguém se importa com isso. Já conversei com deidades e também com um santo cristão. Santos existem também, sinto informar. Fiquei amiga de um e prometi escrever a história dele um dia. A Legião de Maria existe também, acredite você ou não. Bruxas no astral? Sim!

Sinto muito, amigo leitor, mas para evoluir você precisa aceitar as coisas com a humildade de um aluno novato. É isso o que nós somos.

Talvez aquela deidade nem fosse cultuada por alguém da escola. Talvez Freyja tivesse escolhido a mestra por afinidade, como Zháyn fez comigo, ou talvez ela apenas quisesse entrar em contato para que eu soubesse que Deus trabalha em equipe, ou quem sabe, lá da Vallhalla, Freyja tenha me escolhido para mostrar aos seus seguidores que sim, ela existia e estava muito bem, obrigada!

Freyja é real sim. Não é um mito, não é um ídolo e não é uma egrégora.

Pela primeira vez entendi que essas picuinhas religiosas são fruto da cabeça pequena de homens minúsculos que insistem em convencer o mundo de que apenas a fé deles pode levar até Deus. Mentira. Os Bruxos acreditam que existe um Deus e uma Deusa. Eu aprendi que, para cada um, Ein Sof mostra uma face diferente. Deus ama as diferenças.

Aprendi que Deus é energia masculina e feminina em uma só pessoa. Ele/Ela não tem sexo e não é cristão. Se fosse para dar uma religião para Deus, certamente ele seria pagão, porque usou os elementos para criar o mundo e, se Ele tivesse alguma religião, teria realizado o casamento religioso de Adão e Eva, ou seria judeu, que é o povo que mais se afina com ele.

Sim, os judeus são o povo preferido de Deus. Sinto muito se magoei seus sentimentos, mas isso é real também. São os preferidos, porque são os únicos no mundo que tentam entender e respeitar a fonte criadora. A única religião do mundo que cultua Deus é o Judaísmo e a Cabalá. Todas as outras cultuam profetas, deidades, Buda ou Jesus.

As guerras na faixa de Gaza? Isso é problema dos homens, não de Deus.

Se você somar a quantidade de pessoas que morrem esperando atendimento nos hospitais brasileiros, os mortos no trânsito e os mortos por bandidos, é muito mais gente do que os que morrem na faixa de Gaza.

A verdade é que não precisamos pensar igual nem existe um só caminho. Não existe um céu para os cristãos e um inferno para os pagãos, e quem disse que um pagão nunca foi batizado? Claro que sim! Só que batizado do jeito dele, com a fé no Deus e na Deusa. Ninguém que vocifera fala em nome da Luz. Entendi que Deus nunca grita, sussurra, e que é preciso estar com os olhos limpos e o coração puro para ouvi-Lo. Como a fonte não tem sexo nem religião, não se importa com o que você crê. Importa-se, sim, com o que você faz, com o que você sente e não despreza ninguém.

Quem sabe essa deusa tivesse escolhido a mestra sem ela saber. Quem sabe apenas tivesse me escolhido para demonstrar que existia muita coisa que eu nem desconfiava.

Da mesma forma que os anjos adotam pessoas, os espíritos de Luz também o fazem. Esqueça a tabelinha de anjos, Zháyn diz que isso não é real.

Havia muita informação dentro de mim, mas não podia repartir com ninguém.

Quem acreditaria nisso? Demorou vários dias, meses, para que eu aceitasse o que tinha acontecido, então nunca esperei que alguém acreditasse em minha história.

Se contasse para alguém e a pessoa não acreditasse, nem me importaria.

Então, para que contar?

Anotei o nome dessa deusa em um caderno e o perdi em seguida. Procurei novamente o *site* na internet, mas nunca mais o achei. Pensei comigo: "Agora já era. Nunca mais vou me lembrar do nome dela". Resolvi então testar a espiritualidade.

Uma tarde, mentalizei o rosto daquela deusa e disse mentalmente:

– Deusa das tranças, perdi seu nome. Se tudo isso for de verdade, se eu não estou ficando doida, me diga seu nome novamente.

No dia seguinte, quando acordei, um nome veio à minha cabeça: Freyja.

Dessa vez anotei o nome em minha agenda e nunca mais esqueci. Falei para ela:

– Freyja, não posso contar para a mestra sobre o que aconteceu. Ela não vai acreditar e, ainda por cima, vou chamar a atenção e vão achar que sou meio doida ou esquizofrênica, mas lhe prometo uma coisa: Se um dia eu escrever um livro ou se ela me perguntar, eu conto. Fora isso, esse assunto morre comigo.

Freyja Conduz as Almas dos Mortos

As três cartas que indicavam minha morte não apareciam mais no Tarot, mas em compensação eu tive um contato extrafísico com Freyja, que tem como uma de suas principais funções conduzir as almas dos mortos para algum lugar.

Eu me sentia cada vez mais saudável, mas talvez o tipo de morte tivesse mudado.

Talvez minha morte por problemas gástricos fosse antes do tempo, mas quem sabe eu devesse mesmo morrer, por outro motivo, nesse tempo, e Freyja é quem iria me levar. Esquisito. Não tínhamos tanta intimidade assim, apesar de que chegar acompanhado de uma deusa lá do outro lado deve ser o ponto alto do cemitério!

Na escola, o estudo continuava. Acredito que a maioria dos alunos estava lá mais para se descobrir do que para aprender a jogar para os outros. Entraram no curso com esse propósito, mas depois viram que jogar Tarot não é para todo mundo e mudaram de ideia. Ninguém estava ali para ganhar dinheiro.

Nós aprendíamos a ler as cartas, não havia nenhuma adivinhação. Aprendíamos a ler os rostos, as mãos, as cores, o nosso comportamento em relação à vida e o comportamento dos outros, em relação a nós.

Minha cabeça estava melhorando, mas meus problemas continuavam os mesmos: falta de motivação pela vida, principalmente em um trabalho estagnado e estressante. Eu convivia com pessoas mercantilistas, desinteressadas e desinteressantes, então ficava me perguntando:

Mas o que estou fazendo aqui? Por que atraio essas pessoas?

Entendi que nós atraímos tudo o que amamos e tudo o que odiamos.

Quanto mais me distanciava da depressão e da doença, mais contato eu tinha com Zháyn.

A primeira guerra que se travou dentro de mim foi entre a morte e a vida, mas conforme minha saúde melhorava, uma outra guerra começava a dar sinal. A guerra entre razão e sensibilidade.

Apesar de tudo o que tinha visto, minha mente racional não conseguia aceitar plenamente que houvesse um meio possível de prever o futuro.

Como sempre gostei de ciências exatas, fui procurar uma resposta na Física Quântica. Um capítulo que falava sobre a velocidade da luz chamou minha atenção.

Descobri que, como a luz necessita de algum tempo para se deslocar do objeto observado ao observador, tudo o que os astrônomos observam em seus telescópios chega com oito minutos de atraso. Por isso os astrônomos nunca observam o Universo em seu estado presente. Aquilo que eles estão observando não é real, porque a luz do Sol demora oito minutos para chegar até a Terra, então o que estamos observando hoje era aquilo que estava ocorrendo há oito minutos. As estrelas que observamos hoje não são reais. Essa imagem que vemos mostra como essas estrelas existiam quatro anos antes. O que chamamos de estrela é realmente apenas poeira estelar.

Se nós temos dificuldade em entender a relação entre tempo e espaço no planeta Terra, que dirá no mundo espiritual.

Quando Deus criou o mundo material, fez também o mundo espiritual, então como a energia espiritual é diferente da nossa, o que fazemos aqui repercute lá e lá continua acontecendo, em outra velocidade e repercutindo aqui. É um ciclo.

O que o tarólogo detecta são as projeções energéticas das ações que fazemos no mundo físico, já repercutidas no mundo espiritual.

Pense em um gráfico no qual os eixos X e Y, quando se cruzam, formam uma parábola. É mais ou menos por aí.

O Tarot é um sofisticado instrumento de captação de projeções de energia física, no plano astral, bem como todas as suas possíveis consequências. Quem responde ao Tarot é a própria alma do tarólogo em conjunto com a alma do consulente.

De verdade, o Tarot não tem nada a ver com religião. Ele não aciona espíritos, mediunidade, assombração, nada. É física clássica e um dia alguém vai provar isso.

A alma é nossa centelha divina, portanto, tudo sabe e é perfeita. Segundo a Cabalá, vive em constante conexão com a fonte criadora, ganhando energia nos vários mundos, até chegar a nós.

A espiritualidade é pura matemática. O Universo entende tudo como números; é por isso que Deus não precisa julgar ninguém. Tudo o que você faz tem uma consequência. Daqui para a frente, pense em suas ações como uma grande equação, com suas incógnitas e números, mas com um resultado que pode ser determinado, mudado ou previsível. De uma determinada forma, é possível "ler" os sinais que um mundo paralelo ao nosso revela. É como uma equação em que no momento inicial você precisa determinar o valor de X. Você ainda não conhece esse valor, mas sabe que ele é real e calculável.

Descobri que a Matemática e a Física são ciências espirituais e que é possível determinar o mapa da vida de uma pessoa por meio de alguns cálculos, que não têm nada a ver com numerologia. Os grandes magos do futuro serão os físicos, os químicos, os arquitetos, os matemáticos, os biólogos e os oraculistas. Embora todas as profissões tenham fortes conexões espirituais, a mudança de que o mundo necessita passa exatamente pela capacitação correta desses profissionais.

O curso de Tarot era minha terapia. Continuei estudando e fazendo outros cursos e depois aprendi o baralho cigano.

Eu estudei Tarot, baralho cigano e as alquimias que a mestra ensinava. Éramos poucos alunos nessas aulas, sorte nossa, porque grandes revelações aconteciam nelas. A turma era ótima, então o clima era muito propício para novas descobertas e foi em uma dessas aulas que não tinha nada a ver com saúde, que a mestra soube que eu estava mesmo doente. De repente a aula se transformou em metafísica da saúde e eu agradeci. Foi a primeira e única vez que toquei no assunto "doença" durante um curso, porque eu não pensava mais nisso.

Já não queria mais morrer. Não que a vida agora fosse ótima para mim, mas entendi que havia vários modos de se viver e que eu poderia me encaixar em uma situação mais propícia que talvez desse outro valor para minha mísera existência inútil, que é como eu me sentia antes da doença.

É real que eu ainda sou gástrica e propensa a ter problemas nessa área, mas posso mudar isso com o tempo e com o estudo.

Existe um lado do Tarot que foi pouco explorado pelos professores, que é o lado terapêutico para fins de autoconhecimento.

A maioria quer aprender uma nova profissão, mas eu aprendi para jogar para mim, a fim de me conhecer. Depois, claro, joguei para os outros, mas como terapia, pois não existe nada melhor do que Tarot. A grande diferença entre o Tarot e os outros métodos é que o Tarot lhe dá o poder de mudar seu próprio destino, então você não fica nas mãos de ninguém. Claro que você precisa de um bom professor para ensiná-lo e bons professores são raros nessa área, mas ele vai apenas acompanhá-lo nessa jornada, porque quem precisa andar é você.

Minha cabeça e meu estômago estavam melhores e as cartas da morte não apareciam mais. As cartas agora indicavam que eu estava com uma doença grave, mas que não iria morrer.

Depois da Consagração, minha clarividência aumentou muito, impossível continuar negando tudo aquilo.

Tarot Como Instrumento de Percepção

O Tarot é um instrumento que vai lhe dizer onde está a estagnação em sua vida, mas fazer a vida andar é por sua conta.

Esse vai ser seu ponto de partida. Você vai descobrir seus pontos fortes e fracos e, a partir de algo positivo, vai movimentando os negativos.

Às vezes a vida da pessoa está tão estagnada que nada de positivo parece existir. Se isso ocorreu com você, então é hora de movimentar as energias com a ajuda de outras técnicas. A magia de Raziel é uma delas.

E o que é essa magia? É a aplicação das leis divinas e das letras hebraicas.

A Cabalá clássica se divide em três níveis:

Teoria;

Meditação e;

Magia.

Meditação e magia aprendi com Raziel, de modo que eu chamo esse conhecimento de magia de Raziel, porque é diferente de tudo o que já li nos livros.

Você deve estar pensando: "Se é tão boa, por que você quase morreu e estava com a vida tão estagnada?".

Primeiro, porque eu ficava só na teoria e, segundo, tudo o que você foca, seja bom ou ruim, certamente virá ao seu encontro, tenha você algum conhecimento ou não e, por último, porque eu só tive acesso a esse conhecimento depois que comecei a estudar Tarot.

Às vezes, mesmo praticando magia, sua vida pode estagnar. Isso é lei!

Aprender uma coisa e achar que basta é atrair problemas na certa. A vida vai tentar de tudo para tirá-lo dessa zona de amortecimento e conforto. Você precisa aprender coisas novas sempre. Aprenda uma nova lição e as lições antigas também se renovarão.

Uma nova magia trará a força que a magia antiga perdeu. Nada como uma nova magia para dar uma "apimentada" na antiga.

A magia que Zháyn ensina é para entender as leis da matéria nesse mundo.

Ajudam a melhorar a prosperidade e a entender os problemas comuns do dia a dia. Parece simples, mas não é.

Bastidores da Escola de Magia

  Minhas aulas de Tarot seguiam normalmente. Nelas, além de aprender como utilizar esse poderoso instrumento, outras experiências foram acontecendo. Além das aulas que tínhamos toda semana, às vezes tínhamos aulas extras, como por exemplo aulas de Magia do Tarot.
  A Kabbalah tradicional tem muitas regras e limites e tem muita interferência da religião; já a Bruxaria lhe deixa livre para fazer tudo aquilo que você quiser, desde que não prejudique você e os outros. Então, eu queria aprofundar meus conhecimentos nessa tradição, afinal foi em uma escola de bruxos que eu estava recuperando minha saúde e aumentando minha percepção. Comecei a estudar Bruxaria ou Magia Natural, como também é conhecida.
  A grande diferença da Bruxaria, que também é diferente da Wicca em certos aspectos, em relação a outras religiões é que um bruxo sempre concebe Deus/Deusa pela alegria, pela dança e pela música. Nunca pelo sangue, pelo medo, pela tristeza ou pela dor.

Cada exercício que eu praticava aumentava cada vez mais minha sensibilidade. Comecei a ver e ouvir muito claramente o que ninguém via e ouvia ou sentia.

A escola tem muitas salas de aula, então podem ocorrer vários cursos no mesmo dia. Quando eu tinha essas aulas extras, podia estudar como estava a aura da escola.

A escola, que também é um templo, sempre se comunicou comigo. Ela é um ser vivo. Toda vez que fico estressada entro em contato com a escola e ela me limpa.

Os seres que frequentavam a escola também. Conheci vários, conversei com alguns e conheci os bastidores de vários cursos, como o de Magia do Pentagrama.

Não importava que curso estivesse acontecendo, mas se também tivesse algum curso de Tarot, a egrégora da escola mudava totalmente, e nem nas aulas de Magia isso ocorria.

Os cursos ligados ao Tarot manifestam uma energia enorme, que os espíritos de luz aproveitam para os mais diversos fins. Eles podem usar para curar pessoas, limpar locais negativos ou ajudar a travessia de um recém-desencarnado. Essa diferença ocorre porque os alunos do Tarot são mais sensíveis que os demais, então a energia da escola sempre muda quando há um curso desses. Nenhum outro curso supera ou iguala esse efeito. Fiz quase todos e pude comprovar.

A mestra Ivi também ajuda muito para que isso aconteça. Ela adora o que faz e exige muito dos alunos, então sempre estamos muito focados nos cursos dela e isso libera mais energia ainda.

Todo aluno que estuda os oráculos conhece sua limitação. Precisa estudar muito para aprender realmente a trabalhar com oráculos. Por esse motivo torna-se mais humilde ou desiste.

Quando o curso acaba, ele continua na mesma categoria, não vira mestre de nada. Continua sendo um iniciante na arte. Muitas vezes amedrontado, com medo de errar nas conclusões, o que não ocorre com os alunos dos outros cursos, resolve jogar apenas para si mesmo. Nos outros cursos em que o aluno vira "mestre" disso ou especialista naquilo, pode vir o ego e contaminar o pouco conhecimento que ele tem. O Tarot é tão complexo que isso raramente ocorre com um bom estudante. Se continuar estudando e fizer um curso de aperfeiçoamento, ele ainda continua um estudante. Eu continuo estudando até hoje e ainda me surpreendo. Os verdadeiros mestres de Tarot são raros e ainda assim continuam estudando e isso os torna humildes.

A mestra sempre nos indicava nosso devido lugar, de modo que gente metida a *expert* não dura muito tempo jogando Tarot.

Alunos Extrafísicos

Sempre sentei no mesmo lugar, durante as aulas de Tarot, na mesma cadeira e sempre ao lado dos mesmos alunos. A escola é grande, tem duas casas independentes e dois jardins. Na primeira ficam a administração e a loja, com um jardim logo na entrada. Entre a segunda casa e a primeira, fica um local que chamo de O Jardim do Caldeirão. A segunda casa, assim como a primeira, tem dois andares. No térreo, fica a maior sala de aula e, acima, mais umas três salas e sanitários.

De onde eu sentava, ficava sempre ouvindo um barulhinho. Parecia que alguém acima de nós ficava jogando pedrinhas para chamar a atenção. Claro que só eu ouvia isso. Como meus cursos sempre eram na parte de baixo da casa, demorou para eu conhecer o andar de cima. Ficava imaginando o que ocorria por lá, que pudesse causar esse barulho. E todo dia era a mesma coisa.

Um dia, quando tinha acabado de fazer umas anotações em meu caderno, achei uma tampa de caneta debaixo dele. Era uma tampa de caneta diferente das que eu usava. Perguntei para a aluna da direita se era dela. Não era. Perguntei para a aluna da esquerda e não era dela também. Levei aquela tampinha para casa, mas fiquei intrigada com aquilo. Não era de nenhuma caneta minha, nem da bolsa, nem da minha casa, nem do trabalho. Resolvi perguntar para o Tarot que tampa de caneta era aquela.

Pela resposta, entendi que não era de ninguém que eu conhecesse, pelo menos alguém vivo. Fiquei assustada e me livrei daquela tampa. Umas duas semanas depois, quando estava em casa recebi a visita de um aluno de Tarot que não era de minha turma. Era um rapaz de 20 e poucos anos, moreno, cabelos curtos, muito sorridente. Era um espírito, um aprendiz como eu, só que de um curso extrafísico. Eu não estava projetada, então conversamos pelo mental.

Havia um grupo de alunos extrafísicos que frequentava o curso com minha turma. De alguma forma conseguiram arrumar uma tampa de caneta para mostrar que estavam lá conosco, que estudavam com nossa turma, na mesma hora, na mesma classe e com a mesma mestra. Ele disse que estavam se descobrindo pelo Tarot, que os ajudava a entender suas encarnações já vividas e que também ajudaria a melhorar sua percepção na próxima vida. Alguns queriam aprender Tarot quando reencarnassem e outros queriam apenas entender o agora. Mas, de um modo geral, também era uma terapia para eles. Eles ocupavam as mesmas cadeiras que nós, só que não os víamos.

Quando a mestra dava um exercício, minha turma fazia e a turma extrafísica fazia também. Eles tinham lá quem cuidasse deles, mas faziam tudo o que nós fazíamos. Ficavam ouvindo nossas respostas, muito embora não pudéssemos ouvir as deles. Quando acabava nossa aula, eles iam embora também.

Fizeram o curso inteiro conosco. Achei isso muito interessante. Então era por isso que a escola tinha o poder de limpar quem se conectasse com ela, porque também estava conectada a uma outra escola no astral, que era bem parecida com a escola física, mas então por que os alunos de lá vinham estudar aqui? Não poderiam estudar lá mesmo?

Não. Tudo o que se faz aqui repercute por lá. Muitos seres espirituais de alguma forma souberam que poderiam se comunicar comigo e acabam vindo para conversar.

As aulas da mestra eram muito boas e eles gostavam de aprender com ela, então tinham permissão para vir. Isso ocorre em toda escola de bom nível, mesmo as que não são esotéricas. Muitas vezes, quando você está estudando, chama a atenção de alguns espíritos, que acabam estudando com você. Principalmente os anjos, que adoram fazer isso.

Continuei pesquisando o barulho do segundo andar. O que seria agora?

Os barulhos pareciam pedrinhas sendo lançadas e eram feitas pelos gnomos do Jardim do Caldeirão. As salas de aula do primeiro andar eram sempre indicadas para esse tipo de estudo, com deidades e elementais, então lá era a área deles.

Quando havia muitos alunos aprendendo Tarot e em determinadas épocas do ano, dava para ver umas figuras afuniladas andando para lá e para cá. Eram os gnomos correndo de um lado para o outro, em cima das plantas. A aparência não é exatamente humana. Não têm barba nem chapéu, mas, como são figuras afuniladas, alguém concluiu que aquilo era um chapéu, daí a figura que todos nós já conhecemos.

Mas eles podem, sim, ter aquela aparência de anão de jardim. Podem se camuflar, podem muita coisa.

Por conta dessa imagem universal, eles costumam se apresentar em forma humana. Adoram brincar e sumir com as coisas.

Saci também é um tipo de elemental da terra e tem o mesmo chapéu, mas não é perneta. É que a imagem engana porque é muito distorcida.

Gnomos são seres difíceis de se contactar e não estão nem aí para os humanos.

Fazem o trabalho deles junto à Natureza e aos animais, mas não gostam muito das pessoas, no máximo simpatizam com algumas crianças, por isso é bem difícil de um adulto enxergá-los. E não estão apenas nas densas florestas, porque lá na escola há vários.

Lá em casa há um também, que gosta de brincar comigo. Com esse eu consegui fazer contato. Eles não falam e se expressam mais por ações. Quando querem fazer contato, somem com as coisas.

Eles não jogavam pedrinhas realmente, mas queriam chamar a atenção e se divertir com minha curiosa ignorância. Vai ver estavam brincando comigo, assim como outros elementais da escola. Não duvido nada se um dia eu ver um ET por lá também.

Os seres que habitam a escola a dividiram e não ultrapassam suas fronteiras. É assim:

Na frente da escola fica o que chamei de O Jardim das Fadas. Elas costumam brincar por lá.

Após a porta da entrada fica o Portal de Luz, por onde todos os seres de luz entram. Pela porta da escola só entram professores, alunos e funcionários. Essa porta é protegida, então nada passa por ali. Os seres evoluídos entram pelo portal e os de baixa frequência não conseguem entrar, a menos que, em uma exceção, lhes seja permitida a entrada. Como já disse antes, a escola inteira é um ser vivo, porque possui uma duplicata no astral. É ela quem decide quem pode e quem não pode frequentar a escola. Toda escola de magia é assim. É ela que escolhe os alunos e não os alunos a ela.

Na recepção há o cantinho itinerante dos anjos e depois o Jardim do Caldeirão, frequentado pelos gnomos especialmente.

O salão principal é dos anjos e dos alunos extrafísicos e, acima, as outras salas de aula são de todos os outros elementais, xamãs, hindus e entidades diversas.

Gnomos, fadas e elfos gostam mais dos jardins, mas também frequentam o andar de cima.

Os bruxos gostam mais da recepção e das salas de aulas. Dificilmente você vai encontrar todos esses seres em um mesmo dia, porque eles alteram a frequência conforme os cursos que são ministrados; então também existem ciganos, chineses e hindus em determinados períodos.

Na época do Halloween, a frequência muda um pouco, mas essa é outra conversa.

Outros que frequentam o local e que são os maiores amigos dos anjos são os guardiões. São conhecidos por vários nomes. Também não têm nada a ver com religião alguma. Não são demônios, são pessoas que desencarnaram e que agora têm como desenvolver seu potencial capturando espíritos de baixa frequência. Em vida eram guerreiros, soldados, magos negros ou religiosos fanáticos. Quando se acharam, foram convidados a trabalhar com a Luz. Apesar de antes não estarem nesse caminho, desenvolveram um enorme potencial, que agora usam para fazer o bem. Esses só vêm quando são convidados.

Os anjos comuns não frequentam lugares trevosos, então os arcanjos, que são guerreiros da Luz, pedem o auxílio desses guardiões. Arcanjos e guardiões sempre trabalham juntos, para quem não sabe.

Um dia a mestra disse que haveria uma festa muito especial, a Lua Azul das Fadas. Fizemos um ritual e consegui ouvir as asas das fadas batendo.

Continuei treinando e enxerguei que havia uma cópia espiritual das cartas.

Tudo o que existe no mundo físico, existe também no espiritual. As cartas espirituais do Tarot são pretas, do lado oposto às figuras, e o baralho cigano tem um par espiritual alaranjado. Então, quando eu jogava as cartas materiais, às vezes enxergava o lado espiritual. Lembre-se: tudo o que você criar aqui, vai ser criado lá no plano astral também. Esse é nosso grande poder e nossa grande fraqueza. Muitas vezes o ser que está lhe atrapalhando foi um elemental criado por você mesmo, sem saber.

O Tarot tem a capacidade de abrir portais e de ampliar muito a clarividência de alguém.

Zháyn, meu anjo tutor, começou a me ensinar coisas que não se ensinam nas escolas da terra e então comecei a entender melhor o funcionamento da vida.

Jay Ganesha!

Meu ego foi quebrado. Tive de refazer toda a minha bagagem espiritual para aceitar as novidades. Agora eu via, ouvia e sentia por mim mesma, sem a interferência de outro ser humano dizendo que falava em nome de Deus. Manter minha saúde estável tem esse preço.

De todas as besteiras que inicialmente senti em relação à escola, a maior delas foi em relação a Ganesha.

De fato, nunca vi nenhuma entidade do mal dentro da estátua de Ganesha, nem vi o próprio dentro dela. Sosseguei com ele e o tempo passou.

Mais uma vez, lá estava eu desenhando minhas mandalas quando tive uma visão interna com Ganesha. Ele apareceu dançando e sorrindo. Não entendi e esqueci o assunto. Que coisa absurda, ver Ganesha dançando!

Outro dia. Eu novamente desenhando alguma coisa no computador e vejo Ganesha novamente, dançando e sorrindo.

Era um Magid.

Novamente eu já não estava em lugar algum que eu conhecesse. O tempo tinha parado e lá estávamos, eu estática e

Ganesha dançando. Não falava nada, dançando e rodopiando vinha se aproximando lentamente e eu séria.

Ele se aproximou de mim sorrindo, como as crianças fazem quando querem fazer uma gracinha.

Aquela dança estava me encantando e Ganesha me ganhando pela dança.

Foi chegando, parou de frente e me olhou balançando a cabeça de lado, como costumam fazer os indianos. Havia um sentimento puro saindo dali, que de alguma forma mexeu com meu emocional. Ele me olhou de frente, diretamente nos olhos e me fez chorar. Aqueles olhos me diziam: "Eu conheço você, mas você não me conhece ainda".

Dizem que ele é o deus da prosperidade, mas não para mim. Choro até hoje quando me lembro. Fica difícil passar esse sentimento de ganhar alguma coisa preciosa de onde não se espera nada.

Sou uma estudante, então não me importo em não ter todas as respostas, mas hoje acredito que esses deuses sejam emanações de nossa fonte criadora, do Deus e da Deusa, assim como anjos.

Esses seres de Luz se interessam por nós, da mesma maneira que nos interessamos por eles.

E como Zháyn sempre diz: "Esqueça as tabelas dos livros". Se você simpatiza com algum ser de Luz, está conectado com ele e isso não tem nada a ver com o dia em que você nasceu, com seu signo, raios, religião e essas coisas.

Ganesha me ganhou pela alegria e pela dança e limpou algo que estava estagnado em mim, em meu emocional. Sempre que me lembro disso, sinto vontade de chorar, então sei que ele continua atuando. Ele fez uma químio em minha aura.

Emociona-me saber que da mesma forma que nós, as entidades de Luz querem fazer amizade, querem contato, querem se aproximar e, da mesma forma que nós temos nossas devoções, elas também têm suas aspirações conosco.

Ganesha não se importou de que eu não simpatizava com ele no começo, porque fui honesta, e foi com minha honestidade que ele se importou.

Sempre que sinto sua presença, eu o vejo dançando, feliz e alegre. Talvez essa seja a real condição de alguém conseguir prosperidade. Talvez a felicidade é que traga dinheiro e talvez Ganesha não seja só o deus da prosperidade, o removedor de obstáculos. Será que todo obstáculo não está relacionado ao emocional?

Foi apenas em janeiro de 2014, quando participei do Puja, festa dedicada a Ganesha lá na escola, que descobri que o Ganesha de lá era o dançarino.

Essas aproximações com vários seres de Luz abriram minha cabeça para a ideia de que eles também têm uma certa psicologia para se aproximar das pessoas, porque nada pode ser imposto para ninguém. Esses seres nunca lhe pedem nada, apenas se aproximam para mostrar o que eles podem compartilhar com você.

Poucos segundos com um ser de Luz podem mudar sua forma de ver a vida.

O que Você Tem para Compartilhar

Algumas lições muito preciosas foram aprendidas nesse período "entre vidas", e talvez a mais importante tenha sido a da aceitação.

Há pessoas que falam "eu não aceito essa doença" ou "eu não mereço isso" e pensam que basta falar isso para se curar.

Primeiro exclua qualquer palavra de culpa, em relação à doença, mas assuma, você fez por merecer. Existe uma lei divina que diz que ninguém precisa aprender aquilo que já sabe e toda doença, por pior que seja, traz um aprendizado.

Se você estiver doente, por pior que esteja, se assuma, não como doente, mas como uma pessoa em recuperação. Nesse momento você "está" doente, mas na verdade você "é" saudável. E sim, você causou a doença com pensamentos errados.

Se você não assumir, não tomar o poder em suas mãos, não vai conseguir mudar nada. Se você assumir que errou e tentar descobrir seu erro, também pode assumir o acerto e a volta da saúde.

E não culpe Deus por nada. É inconcebível acreditar que nossa fonte criadora nos traga prejuízo. Deus não decide quem vai ter saúde, isso é por sua conta.

Quando estiver em crise, tente não reclamar, porque reclamar não muda nada e ainda por cima faz as pessoas se afastarem de você.

Um dia você vai morrer. Todos vamos. Se chegou sua hora, ela não vai mudar. Não dá para fugir da morte quando chega a hora, mas dá para ter uma morte melhor, conseguir um hospital mais rápido, sem ter de passar pela escuridão.

Evite falar de doença para atrair a piedade dos outros. Isso é péssimo.

Um dos motivos de eu preferir não contar para quase ninguém da doença foi exatamente esse. E sou sincera, se você tiver um doente, dê a ele apenas a atenção necessária e os cuidados de que nesse momento ele necessita, porque senão essa pessoa doente vai lhe sugar tanto que vai acabar com sua vida.

Quando estamos doentes, não temos nada além de dor para oferecer, e se você der toda a atenção do mundo para um doente, ele vai adorar continuar assim, só para obter sua atenção, e vai continuar doente sempre.

Minha terapia de recuperação aconteceu na escola, mas eu não queria que ninguém me visse como doente, que tivessem pena de mim nem que me dessem colo. Claro que todo mundo gosta de carinho e atenção, mas tem de ser na dose certa, para você não se acostumar com a doença. Você sabe, toda desgraça tem seu lado positivo!

É mais fácil sair do buraco com uma pessoa gritando em seu ouvido, do que com outra alisando sua cabeça.

Um relacionamento só existe se houver troca e, quando estamos doentes, não temos muita coisa boa para trocar. Eu não tinha praticamente nada. As pessoas fazem tudo errado. Se, ao contrário, você der atenção e carinho para alguém quando essa pessoa estiver bem, ela vai fazer de tudo para continuar bem, mas a grande maioria só dá carinho quando o outro fica doente.

Tem criança que adora ficar doente, para ganhar mais atenção dos pais.

Outra lição muito importante foi que a cura não vem milagrosamente, de uma hora para outra.

A saúde se estabelece conforme suas ideias vão se renovando. A cura é um caminho, não um fim. Vem aos poucos e vai tomando conta, igualzinho à doença.

Agora que o processo de cura já tomou conta de mim, tenho algo de bom para trocar e posso estabelecer novos relacionamentos.

Outro motivo para não contar essas experiências foi pela preparação que as outras pessoas citadas aqui precisavam ter.

Um dia tive vontade de contar tudo, mas Zháyn disse que não, que não era a hora. Então tive de esperar pacientemente que essa hora chegasse. Ele explicou que, já que eu havia citado outras pessoas no livro, deveria esperar que todos estivessem na mesma sintonia, no tempo certo.

Bruxaria

Esse nosso planeta é uma grande escola. Como toda ótima escola, é difícil para entrar, difícil para sair e para aprovar, então não sou eu quem vai dizer que é fácil viver aqui.

Já frequentei vários cursos esotéricos e sempre vem aquele palestrante que você nunca viu mais gordo lhe dizendo que a vida é ótima e que é muito fácil de se viver. Depois eles contam histórias mirabolantes de como facilmente se livraram de vários problemas importantes. E podem falar o que quiserem, porque você não sabe de verdade como é ou como foi a vida desse sujeito.

Faça uma pesquisa e veja se a vida de algum mestre foi fácil. Não foi. Então, estamos no caminho certo. O que você pode simplificar é o modo como reage à realidade que se molda à sua volta. Você pode escolher sofrer três dias, três semanas ou três anos.

Há muito falso mestre por aí. Mestre de verdade é de carne e ossos, ri, sofre, chora, erra e aprende. Não tenta demonstrar que nunca passou por nada disso ou que saiu ileso de uma grande pancada que tomou, porque a maior demonstração de poder que alguém pode dar se chama simplicidade.

Simplicidade não é pobreza e não é se rebaixar para fazer bonito. É reconhecer que se é limitado, apesar de se ter todo o poder do mundo, que nós ainda não aprendemos a usar. É rir, xingar ou chorar quando se tem vontade.

De acordo com a tradição cabalista, só os mestres conseguem falar e ouvir os anjos. E, de acordo com a religião, esses mestres são sempre homens. Nesse sentido posso me considerar uma privilegiada, porque sou mulher, não sou religiosa e, sim, posso me considerar mestra nos conhecimentos que tenho, mas nem por isso minha vida ficou mais fácil.

Essa Cabalá que existe hoje em dia não serve totalmente aos propósitos divinos pelos quais ela foi criada. Não aproxima pessoas, não dá acolhimento para todos e não aquece o coração de ninguém. Ao contrário, é cheia de regras, cheia do certo e do errado e cheia do pode e não pode, mas Deus é completo em sua simplicidade, então a Cabalá que eu sigo é a que me foi ensinada por Raziel. Não sigo mais a Cabalá clássica, porque não me encaixo mais nela.

A Bruxaria lhe mostra um Deus e uma Deusa livres, sem restrições, em que você pode fazer o que quiser, desde que não faça mal para você e para ninguém.

Incorporei muito desse modo bonito de ver a vida, que a Bruxaria me ensinou, em minha Cabalá.

Esse monte de regras que aprendemos vem da religião, que sempre tenta nos limitar, para nos colocar sob os pés de alguém que é igualzinho a você e às vezes pior.

Minha Cabalá de hoje em dia é filtrada, simplificada, bonita, perfumada e atraente.

Esse conhecimento que os anjos me ensinaram não é igual ao que você vai encontrar nos livros tradicionais, mas é muito mais sensível do que racional. Você só chega até a fonte divina pelo coração e pela razão, juntos. Nunca um em detrimento do outro.

Desde o começo, na primeira aula de Tarot, meu coração foi tocado pela simplicidade da vida que sempre quis ter. Existe, sim, um caminho possível e simples de encarar a vida, que não é fácil; se fosse, aqui não seria uma escola ótima. O modo de encarar a vida, esse, sim, pode ser simples, bonito, perfumado e do seu jeito.

A verdadeira magia só funciona quando você usa o lado espiritual junto ao material. Não adianta ficar pedindo, se não fizer sua parte.

O que mais derruba uma pessoa de fé é saber que, apesar de toda bondade que ela pensa que demonstrou e todos aqueles atos de misericórdia e caridade e de todas as vezes que ela compareceu em sua reunião religiosa, ainda assim ela vai pedir para Deus e a situação não vai mudar para melhor. Por quê? Porque a lei divina não funciona pela barganha. Não acredite em tudo o que você vê na TV.

Um Ano Depois da Doença

Um ano após minha quase morte, a roda voltou a girar. Nossa vida se divide em ciclos, que ficam se repetindo infinitamente até que consigamos mudar de fase e passar para outra.

Quando uma coisa muito importante acontece em sua vida, tanto boa quanto ruim, ela tende a se repetir. Por exemplo, você sempre costuma arrumar emprego em uma determinada época do ano, pode olhar em sua carteira de trabalho, você sempre arrumará emprego nessa mesma época. Eu sempre consigo um cargo melhor no segundo semestre, lá para setembro, da mesma forma que também sempre mudo de emprego no mesmo período. Quando ocorre um acontecimento ruim, em Cabalá chamamos esse acontecimento de Tikun, que é algo parecido com o carma.

Em meu caso, eu criei um Tikun de doença que se repetiu no mesmo período do outro ano.

Novamente tive uma daquelas no serviço e novamente passei por um período de muita atribulação, só que dessa vez com o mínimo de sofrimento.

Dessa vez, em vez de sangrar por três meses, sangrei um pouco por três dias.

Ainda não dominei totalmente minha melhora física e às vezes tenho recaídas, sou humana. Como todo sensitivo, também preciso adaptar meu corpo sutil ao físico, para trabalhar em conjunto. Eu continuo estudando e aprendendo.

Novamente a bendita gerente do banco me ligou para oferecer o tal seguro, caso eu morresse antes. Arrumei uma confusão enorme com ela e fizemos um "acordo de damas" e está tudo bem, saí no lucro.

Novamente fui visitar um hospital extrafísico, só que dessa vez fui como visitante e não como paciente, e não voltei para aquele quartinho. Visitei um quarto do mesmo hospital, com pessoas felizes que estavam se recuperando.

Dessa vez fui visitar a enfermaria, não para o pronto-socorro. Visitei uma ala só de mulheres em recuperação e não havia uma cama esperando por mim.

Elas estavam animadas e não fui perguntar o motivo da passagem de cada uma. Dali elas seguiriam para outro lugar ou até mesmo para outra parte desse mesmo hospital, até se recuperarem de uma vez, e depois seguiriam para alguma cidade ou colônia no plano astral.

Seus corpos estavam belos e se recuperando. A morte é só um instante, depois vem a boa e verdadeira vida.

O primeiro local que eu havia visitado era a porta de entrada de novos desencarnados, então lá você encontra recém-chegados em frangalhos, aos pedaços, desestruturados e destruídos, mas não nos hospitais.

Do lado de lá, todas as pessoas que não morrem de morte natural são consideradas como suicidas, porque em vida tiveram uma conduta que gerou alguma doença ou algum desastre que os levou à morte antes do tempo devido, mas ninguém é discriminado por isso.

Já as pessoas que morrem de morte natural fazem a passagem de modo calmo, e sempre são recebidas por parentes ou amigos que as levam até sua nova morada. Essas pessoas raramente precisam de recuperação longa em hospitais e, depois de um tempo, rejuvenescem e continuam vivendo suas vidas por lá e são felizes.

Quando você visita um local de recuperação, a sensação que fica é muito ruim, na chegada dos desencarnados, mas com o tempo eles mudam de ala, conforme vão se recuperando e tudo vai ficando bem.

Você, que está lendo, talvez não consiga se deslocar para um hospital desses, mas pode mandar uma mensagem positiva para seus parentes, amigos e até para os desconhecidos. Nós continuamos ligados e eles podem sentir nossas vibrações.

Você pode mandar uma mensagem positiva para uma criança que acabou de morrer de câncer, por exemplo, mesmo que você jamais a tenha visto.

Direcione pensamentos de amor para os hospitais do astral e para os daqui. Isso ajuda a curar os doentes e ameniza a dor do ambiente.

Também mande pensamentos de amor para os projetores que ajudam os enfermeiros e médicos que fazem um trabalho dificílimo do lado de lá. Você não imagina as coisas horríveis que eles presenciam todos os dias, para nos ajudar.

Mande pensamentos positivos para os drogados, porque essas vibrações podem chegar até o umbral mais denso, mesmo que você não conheça ninguém nessas condições. Peça para um anjo levar uma mensagem de paz.

Também é possível mandar pensamentos positivos para qualquer situação ruim, em qualquer lugar desse mundo e dos outros mundos.

Você pode se comunicar com os elementais, usando boa música, quando estiver no campo, por exemplo.

Sempre tente se aproximar das pessoas boas e não julgar as ruins, porque você está vinculado a tudo o que ama e a tudo o que odeia. Esse foi meu maior problema.

Se quiser se aproximar de verdade de um anjo, brinque com uma criança, leve seu animal para passear, leia um bom livro, mantenha um bom relacionamento com os amigos e ame muito, sem medo de ser feliz. Anjos só se aproximam de pessoas autênticas, extremas, felizes, que se expõem, que se arriscam, que amam e demonstram seu amor escancaradamente.

Não perca seu tempo acendendo vela para anjo, porque eles não estão nas trevas. A chama da vela muitas vezes é a única luz que um espírito perdido consegue enxergar, então ele é atraído pela luz, o anjo não.

Não tenha medo de elogiar. As pessoas precisam ouvir um elogio sincero de vez em quando. E não tenha medo de dizer não.

Não seja escravo da comida, mas também não tenha medo dela. Para tudo existe uma egrégora. Aliás, não seja escravo de nada. Todo fumante, drogado, glutão ou doente precisa passar por um período intermediário quando morre, antes de desembarcar na próxima morada. Quando o espírito é do bem, ele passa esse período nos hospitais que já citei, mas quando está problemático, ligado a entidades trevosas, ele passa esse período lá no umbral denso mesmo. É por isso que há pessoas que morrem e vão para o umbral e outras vão para os hospitais. Algumas vão para as novas cidades sem passar por nada disso.

Sua religião é sua cabeça e ninguém, além de você, pode salvá-lo de nada.

Seu Deus é o Deus de seu coração, do jeito que você imagina.

Aprenda sobre coisas espirituais, mas não tire seus pés da terra. O principal é aprender tudo o que possa tornar sua vida plena aqui na matéria.

Raziel diz que magia é 50% matéria e 50% energia, e um não funciona sem o outro.

Ele diz que precisamos enxergar nas entrelinhas e perceber que uma história sempre traz uma parte oculta, e que essa, sim, é a que tem importância. Enquanto Zháin me ensinava a viver melhor aqui, Raziel me passava os ensinamentos secretos de sua magia.

Tudo está aí à nossa frente, nós é que não vemos.

Raziel diz que a magia só deve ser ensinada para os humildes e que eu só devo ensinar quando alguém me pedir, e que só devo responder se alguém me perguntar. Então, quando o Universo quiser, eu ensinarei um pouco mais para vocês.

*** ***

Um dia, perguntei para Zháyn:

– Por que vocês disseram que eu havia passado na prova, se fui reprovada?

– Dissemos que você havia conseguido, e não que tinha passado na prova.

– Mas conseguido o quê?

– Uma nova chance de continuar vivendo.

Termino aqui este livro, que espero poder ajudar alguém a tirar o pé da cova, da mesma forma que os bruxos e os anjos me ajudaram a sair dela.

Para os futuros tarólogos e os que já estão na lida, prestem atenção no imenso poder que vocês têm nas mãos, porque não existe magista melhor do que um oraculista. O oraculista pratica alta magia o tempo todo e não sabe. Com apenas uma palavra ele levanta ou afunda com a vida de alguém. E todo terapeuta também é um magista, assim como todo professor, todo médico, todo pai e toda mãe. Nós temos muito poder e não sabemos usar.

Se você puder ajudar a salvar uma vida, então salve, mesmo que seja apenas uma, porque vai valer a pena.

Salve a vida de uma planta, de um animal, qualquer vida, principalmente a sua.

Que possamos nos encontrar novamente.
Que os anjos queiram adotá-lo;
Que se comuniquem com você.
Que quando você tiver uma dúvida,
Consiga enxergar a resposta.
Que o Deus e a Deusa o protejam sempre;
Que assim seja e assim se faça.